江苏省教科院"十三五"规划课题"创客学习的枝
江苏省教育厅小学特色文化建设项目"阳光创客
实践成果

小学创客课程

的

建 构 与 实 践 探 索

蔡艳 著

江苏大学出版社
JIANGSU UNIVERSITY PRESS

镇 江

图书在版编目(CIP)数据

小学创客课程的建构与实践探索/蔡艳著. —镇江：
江苏大学出版社,2020.11
ISBN 978-7-5684-1065-6

Ⅰ.①小… Ⅱ.①蔡… Ⅲ.①儿童教育 Ⅳ.①G61

中国版本图书馆 CIP 数据核字(2018)第 299641 号

小学创客课程的建构与实践探索
Xiaoxue Chuangke Kecheng de Jiangou yu Shijian Tansuo

著　　者/蔡　艳
责任编辑/吴小娟
出版发行/江苏大学出版社
地　　址/江苏省镇江市梦溪园巷 30 号(邮编：212003)
电　　话/0511-84446464(传真)
网　　址/http://press.ujs.edu.cn
排　　版/镇江文苑制版印刷有限责任公司
印　　刷/江苏凤凰数码印务有限公司
开　　本/718 mm×1 000 mm　1/16
印　　张/11.75
字　　数/200 千字
版　　次/2020 年 11 月第 1 版　2020 年 11 月第 1 次印刷
书　　号/ISBN 978-7-5684-1065-6
定　　价/36.00 元

如有印装质量问题请与本社营销部联系(电话：0511-84440882)

代序　共建一门创客课程
——江苏科技大学附属小学构建"阳光创客课程"实践解读

蔡　艳

作为基础教育工作者，要在尊重儿童成长规律的基础上，努力寻找一种适合儿童成长的教育，让教育为儿童的未来生活做准备。

江苏科技大学附属小学面向未来，基于儿童成长规律，探索将"创客"理念融入课程整体建构，开设以"玩""做""造""创"为建设轨迹的阳光创客课程，寻找适合现代儿童成长的教育，形成适应未来的教育新生态。

形成特色"生长链"

特色课程的发展如同一株植物的生长，根植于合适的土壤，运用合适的方式才会拥有生长的力量。基于学校特色文化建设的 5 个要素：时空的未来性、生命的独特性、儿童的可能性、学科的融合性、文化的民族性，学校凝练出构建特色课程的核心思想。在构建阳光创客课程中，我们回归教育最重要的元素"儿童"，把课程建设支点落在"适合"，在"适合"的时空，应用"适合"的资源，为每个儿童找到"适合"的发展方向。

基于儿童成长和学习规律，融合学校办学理念，我们构建了两大模型。一是核心素养对应图。参照中国学生发展核心素养，明确阳光创客课程重点培养学生"自信""实践""创造""乐享"等4项素养。二是以"玩""做""造""创"为脉络，根据儿童的知识结构、能力结构、情感结构特点改变学习形态。

清晰的课程目标、明确的实施路径催生了课程实施的分层属性，学校按照普及性课程、选择性课程和拓展性课程3个板块进行设计和实施：

将面对全体学生的普及性课程纳入课表，以落实国家课程为主，在学科课程中进行嵌入式整合，做到普及中有整合。

选择性课程更具校本化和探究性。利用社会资源和校本现有资源，设置了蚕宝宝生命探索课程、机器人课程、船模航模课程、银杏文化课程、创意工坊课程、阳光小创客21日成长课程等6个"STEM+"项目课程群，培养学生生物科技、传统手工艺、计算机编程等技艺技能。

比如，在阳光小创客21日成长课程中，我们传承学校实践30余年的德育品牌统整课程，在课程内容的统整中融入博物馆之旅、"行走的课程"等活动，引导学生带着探究的课题走入自然、走进社会。

拓展性课程是针对有特长的学生，组建定制课程群，如建设以培养"小科学院院士"为主的"少年科学院"，培养以文学素养为主的有书法特长、写作特长的银杏书院，培养艺术特长的"金阳光艺术团"，努力做到拓展中有深化。

在序列性的课程群中，让每一个学生参与，面向全体提升综合素养，由"玩"开始的"做"，在"做"中进行有价值的"造"，在

"造"中产生有意义的"创"，技术与操作让创客文化儿童化、校本化、本土化发展。

营建立体"互动场"

阳光创客课程的核心是基于创客文化的项目化学习，是建立在"大数据""互联网"基础上的，可随时学习，是充满真实情境的立体"互动场"。在这个"互动场"里，每一个参与课程的人都可以发现、体验、创造。

4个项目化创新实验室是我们对构建"互动场"的一次探索，创新实验室凸显学科性、交互性、操作性、发展性。结合生命探索课程，与江苏科技大学蚕业研究所共建了"蚕宝宝生命体验馆"，馆内设操作台、配套工具，成为学生养殖生物、运用生物科技实践创客项目的场所；结合"STEM+"玩创空间课程的"玩创空间"，配备工具箱、工具台等操作设备，添置有标准化赛道的设施，可进行竞技测试，拥有可进行编程、测评、直播的数字化交互体系；结合青花瓷课程的"创意工坊"，将瓷器制作与儿童画相结合，添置专业制作器具；结合银杏文化课程的"银杏文化探究馆"，以学校古银杏树为项目，是一个可以进行书法、诗词等传统文化体验的空间。

建设创新实验室让课程建设拥有了适合的场地，也成为学校特色文化的一部分。但对于整体打造有特色课程的环境而言，仅仅建设几间创新实验室远远不够，我们还将结合校安工程对学校进行整体优化，拟结合市智慧校园、生态校园、绿色校园建设，在校园设置可动手操作的科学壁挂长廊，建设二十四节气探究园，改建雨水收集、海绵地面等环保生态设施，彰显"绿色生态""智能互动""创新乐享"特质，让环境与儿童互动，使校园成为互动的乐园。

阳光创客课程的另一个特质是乐于分享。学校借助江苏科技大学开发的创客科技平台，开设"阳光创客空间"互动平台，同享资源、加强互动，还将建设创客教师、创客学生、创客家庭三位一体的创客互动平台，让无限互联网数字空间成为广阔便捷的互动场。在互联网的基础上，互动的对象可以是世界性的。学校结合课程开发，积极开展国际文化交流活动。在小创客研究中，邀请外国友人积极参与，带领学生与国外友好学校建立关系；参加国际机器人大赛，提升课程的国际理解和国际交流功能，引进中国台湾力撼课程秀，让学生站在更高的平台与整个世界互动。

学校是一个缩小版的世界，但世界绝不局限于学校的"一亩三分地"。广阔的自然与社会，才是小创客们的"无边界课堂"。我们结合学校特色文化，建构性进行阳光创意家校融合建设，综合家长资源，组建阳光创意导师联盟。引导家长担任课程的参与者、指导者，并逐渐成为课程的开发者、建设者。阳光创意导师联盟中博士占 43%，高素质家长带来大学实验室、企业开发区、农场种植园等资源，方便学生直接接触现实问题和真实工作场景，让知识学习和实践应用之间建立了有效连接，从生活中去寻找问题，然后探索研究，无数家庭实验室朝气蓬勃地发展了起来，并带来了令人惊喜的研究报告。

构建管评"综合体"

建设阳光创客课程是一项需要全程、全域、全员参与的行动，需要全领域的过程性管理作保障，需要科学的评价来促进。基于此，学校在建设阳光创客课程初期便成立了学生发展中心、课程发展中心、教师发展中心，做好服务、研究等指导工作；成立了"STEM+"项目部和阳光创意联盟，提升课程建设效能。学校还成立了 8 个项目课程组，构成具有整体效应的课程实践、开发团队。

在项目组团队建设中，不同专业教师联合起来，围绕一个项目开展工作，这种超越不同知识体系、关注共同要素的实践减少了知识的分割和学科间的隔阂，教师的关注点不再是某一领域的知识技能，而是从人的发展着眼，着力点放在学生各项关键素质的提升上。

这样的改变，形成了教师合作的新文化，也帮助教师更新了教学理念。教师尝试通过实践活动帮助学生积累经验、丰富学生获取知识的途径和方法，以更科学的方式评价学生：如教师设计的阳光小创客成长评价手册，可以动态记录学生成长过程，采用"闯关升级"等儿童乐于接受的方式对学习结果进行评价。在低年段，教师还设计了与学科结合的能力阶梯闯关，真正实现了无纸笔测试；在过程性评价中注重了同伴互评、专家导评、网上共评等多种形式，以发现学生的特质，为学生的成长提供了科学的支撑。

评价不限于学生，师生共生才是评价的目标。当教师工作方式发生改变时，学校对教师的评价也一改传统，设立阳光"STEM+"教师团队成长档案，同样关注教师发展的多元因素，以科学的职业生涯规划激励教师的专业发展。

伴随阳光创客课程建设的深化，未来，我们将营造课程新生态，融合"个人需求""项目情景""审美操作""团队协作""测评反馈""乐享成果"于一体，让儿童更乐于发现问题、解决问题；课程建设更加多元、融合，探索建立小学创客文化发展的途径和范式；创新学习方式，以创客精神为指引，打破教师授课制为主导的形式，逐渐实现以创新、实践、分享为特征的教与学方式的转变；创新互动平台应用，建立起互联网技术支撑的互动平台，达成合作互助、成果同享的现代合作关系。

"每一个孩子都是一粒种子，都有无限的可能性。"我们要尽力为每一粒种子的成长提供良好的环境，根据儿童身心特点选择教学组织形态，让学生如科学家那样，用探索未知和解决问题的思维方式去学习，感受创造带来的改变，享受创造的快乐。正是在这种生动、真实的教学情境中，寻找、研究、实践"适合儿童的教育"，让每一个学生面向未来拥有了更多可能。

（该文发表于2018年9月5日的《中国教师报》）

前言

　　教育是走在时代前列的事业，教育是为孩子未来做准备的工作。

　　当互联网和大数据已经不再属于"热词"，当我们的教育对象——儿童，成了"数字原住民"的时候，面对中国学生亟须发展的科学素养、综合能力、创新思维等，面对现实教育中存在的重理论、轻实践，重动脑、轻动手，重学习、轻应用等现象，许多教育者开始思考，尝试在我们的教育实践中引入"创客文化""STEM 教育"等教育理念及方式来进行改变与提升。但是很显然，我们不能简单地采用"拿来""嫁接"等方法，原因有两点：其一，渗透在每个儿童中的中国文化血液，是所有教育的背景，它需弘扬，也须补充；其二，儿童本身具有我们无法预测的创造力和个体发展的可能性，这是小学儿童成长的特点，只有适合儿童发展的课程才能产生良好的效能。

　　在中国文化背景下，在小学阶段对学生融入创客教育、"STEM 教育"，我们应该建构怎样的课程，采用什么样的方式，运用哪些评价，可能对孩子产生哪些影响，对我们的小学教育生态产生哪些影响……这些都是需要探索的课题。为此，我们通过小学创客特色课程实践和研究，结合中国文化、地区资源、校本特色，对创客文化进行本土化、童本化再造，力求有助于提升小学生的综合素养，使小学生形成面对未来的综合能力，同时探索与中国文化相适切的、适合儿童特点的小学创客课程的行动路径。

目录

第一章　阳光创客课程的理论综述

◇ 第一节　国内外创客文化、创客教育的发展综述

一、创客文化

创客文化是彻头彻尾的"舶来品"，查阅早期资料可以发现，国内专业人士曾经把创客翻译成 Hacker，而并非 Maker。Hacker（骇客）是指那些热爱编程、善于改造计算机的人，和我们现在认为的在网络上盗取个人信息或者破坏网络的"黑客"不同。

最早的 Hacker 具体出现在哪里？多种材料表述不一。60 多年前，美国麻省理工学院神奇的 20 号楼里的骇客是很具代表性的。

这是一座长而简陋的三层建筑。从里面看，则像一个错综复杂的迷宫，没有标识，连防火墙都没有。这幢大楼在一个下午就设计完成，原本是只准备使用 6 个月就拆除的，所以使用胶合板、空心砖和石棉仓促建成。因为战时条件简陋，人们根据工作需要"随心所欲"，甚至对其"伤筋动骨"，房间当中的围墙被打通，上下两层之间的隔板被掀掉，设备被随意地搁置在阁楼或走道上，到处杂乱无章。里面办公的人员五花八门，有研究核技术的，有研究飞行控制的，有研究导弹的，还有研究塑料、胶粘剂、声学和电子的。

就这样，不同背景、不同兴趣、不同特长的人被迫聚集在一起。不合理的空间布局，促成了有意识或无意识的交流，在分享彼此志趣、知识和信息的过程中，碰擦出智慧的火花。这样的"混搭"居然造就了麻省理工学院的一段传奇，从中孕育出一大批从学术到商业上的重要突破。这些突破包括世界上第一个商用原子钟、最早的粒子加速器，第一个街机风格的太空战视频模拟游戏《星际飞行》（Spacewar）等，还有"人工智能之父"之称的 John McCarthy（约翰·麦卡锡）和"自由软件之父"Richard Stallman（理查德·斯托曼）……

这就是最早的"骇客"群体，其核心精神是"开放、共享、分权和对技术的崇拜"。在"骇客"的发展过程中形成了一种独有的文化——创客文化，创客文化有以下几个突出的特点。

第一，DIY 精神。

依靠自己的智慧，依靠众人的力量，自主地完成有趣的设想或解决问题，使生产力越来越自由，逐渐摆脱对专有资源与专有机构的依赖。

第二，工匠精神。

创客的 DIY 不止于制造，能够体现创客创造力价值的是最终产品的表现。追求细节极致表现的精神，才能最大化呈现自己的价值与成就。

第三，开源与分享精神。

志趣相投的人软件开源、硬件开源、资源共享、经验交流，分享与合作，集合众人之力，实现技术突破。

二、创客教育

创客教育，从广义上说，指以培育社会大众的创客精神为导向的教育形态（Makespirit-Aimed Education）。狭义上是指一种以培养学习者，特别是青少年学习者的创客素养为导向的教育模式（Makeliteracy-Aimed Education）。它既包含正式学习，也包含贯穿学习者一生的非正式学习。

1. 国外创客教育概况

2009 年，奥巴马在评论"创新教育运动"（Educate to Innovate Campaign）时就提出，政府将"鼓励青少年在创造中学习，成为事物的创造者，而不仅仅是事物的消费者"。

2012 年年初，美国政府又推出一个新项目，计划未来四年内在1000 所美国学校引入创客空间，配备 3D 打印机和激光切割机等数字制造工具。

2014 年 6 月 18 日，美国政府举办了首届"白宫创客嘉年华"（White House Maker Faire），奥巴马在活动上宣布了由白宫主导的推动创客运动的整体措施，以期有力推动"美国制造业的复兴"，并宣布 6 月 18 日为自造日（National Day of Making）。

2. 国内创客文化、创客教育的发展

2015 年 1 月 4 日，李克强总理考察深圳柴火创客空间，体验诸多年轻创客的创意产品，称赞他们充分对接市场需求，创意无限。

2015 年 1 月 28 日，李克强总理主持召开国务院常务会议，确定支持发展众创空间的政策措施，为创业创新搭建新平台。

2015 年 3 月 5 日，"创客"一词，首次写入政府工作报告。

2015 年 3 月 11 日，《国务院办公厅关于发展众创空间推进大众创新创业的指导意见》发布，要求"加快构建众创空间，为广大创新创业者提供良好的工作空间、网络空间、社交空间和资源共享空间"。

2015 年 6 月 16 日，国务院印发《国务院关于大力推进大众创业万众创新若干政策措施的意见》，要求"做大做强众创空间，完善创业孵化服务"。

2015 年 9 月 23 日，国务院印发《关于加快构建大众创业万众创新支撑平台的指导意见》，要求各地区、各部门应加大对众创、众包、众扶、众筹等创业创新活动的引导和支持力度，加强统筹协调，探索制度创新，完善政府服务，科学组织实施，鼓励先行先试，不断开创"大众创业，万众创新"的新局面。

2015 年 12 月 16 日，国家主席习近平出席"第二届世界互联网大会"开幕式并发表主旨演讲。在演讲中，习近平主席首提"网络创客"一词。

2017 年 7 月，国务院印发《新一代人工智能发展规划》，提出利用智能技术加快推动人才培养模式、教学方法改革，构建包含智能学习、交互式学习的新型教育体系。要求我国中小学阶段设置人工智能、编程教育等课程，完善相关课程体系。

2017 年 9 月，教育部出台了《中小学综合实践活动课程指导纲要》的通知，通知指出："有条件的学校可以建设专用活动室或实践基地，如创客空间等。"

2018 年 1 月 5 日，教育部印发的《普通高中课程方案和语文等学科课程标准的有关情况》提出，要将三维设计、开源硬件、人工智能正式划入新课标，成为高中学习的必修课。

2018 年 2 月 11 日，教育部印发《2018 年教育信息化和网络安全工作要点》，文件指出，"推进信息技术在教学中的深入普遍应用，开展利用现代信息技术构建新型教学组织模式的研究，探索信息技术在众创空间、跨学科学习（STEAM 教育）、创客教育等教育教学新模式中的应用，逐步形成创新课程体系。"

从最初的草根探索到当前中国政府大力实施的"大众创业，万众创新"，创客已经开始与产业和大众相连接，创客运动已经深入国家战略的层面。

扎克伯格——一个典型的创客

扎克伯格的 Facebook 大名鼎鼎，而扎克伯格就是一个典型的创客。2002 年，还是大一新生的扎克伯格想为学校建立一个网络版的花名册，但学校以各种理由拒绝提供学生照片和基本信息，于是这位一年级新生开始了一场恶作剧：在某个夜里入侵了学校数据库，获取了里面存储的学生照片。扎克伯格把这些照片放在他自己设计的网站上，很快这些照片的点击量就拥塞了哈佛大学的校园网络。校方对他的行为非常不满，给了他一个"留校察看"的处分。扎克伯格说："我只是认为这些信息应该是公开的。""黑客事件"后不久，扎克伯格与他的两名室友一同创建了 Facebook 网站，并将其搬到了鼓励创新的硅谷。在之后短短几年间，Facebook 很快从横扫哈佛大学的校友联系平台，成为全球性的社交网络。

◇ 第二节　创客文化与中国传统文化的辨析

任何文化都与孕育它的土壤密不可分，同样一种文化要在其他的地方落地生根，也不是一件易事。习近平总书记在中国共产党的十九大报告中指出："文化是一个国家、一个民族的灵魂。文化兴国运兴，文化强民族强。"中华优秀传统文化博大精深，传承中华文化，需要在继承过程中取其精华、去其糟粕，做到合理扬弃。新时代的文化建设，一方面要重视对本民族文化精华的吸收，使之形成一个完整的体系，充分展示自身特色和优势；另一方面，要努力拓展视野，看到世界各国丰富多彩的文化内容，主动适应全球化的趋势，集百家之所长于一身。因而，面对舶来品创客文化，生搬照抄任何一种"先进经验"都是削足适履，只会事倍功半。

中国传统文化与来自西方的创客文化之间有文化方面的差异，特别是在科学素养的发展及创造力培养方面。

第一，中华文化弘扬孔子的道，孔子的道主要讲人道，其思维的对象与范畴主要为"人与人之间的关系"。汉代实行独尊儒术后，客观上压制了老子等百家对"道"的自然世界的理解和探索，导致中国两千多年来思考问题中，重人事，轻自然，长于伦理，短于逻辑。

第二，中国传统文化的美学讲究捕捉、表达、创造可意会不可言传的韵味，如司徒空说："近而不浮，远而不尽，然后可以言之致耳。"这使中国人的思维擅长直觉、悟性、感性思维。相对而言，理性、具象、量化思维能力比较弱。

第三，中国文化重视求同，淡化个性的表达，限制了思维方式的多样性发展。

第四，中国文化对"礼"的追求，使人与人之间更加含蓄谦虚，不具备自由的分享氛围。

从这些方面来看，中国的文化和创客文化截然不同。然而，奇妙的是，两种文化又有共通性（表1）。

表1　创客文化和中国传统文化的共通性

内容	创客文化	中国传统文化
文化的基础一致	强调放松地"玩"，有趣的创意	《论语·雍也》："知之者不如好之者，好之者不如乐之者。"
文化的指向一致	实用性	"由用至艺"或"先用后艺"，亦即所有发现、发明与创造，首先在于满足人们现实生活的物质需要。
文化产品追求一致	工匠精神	"君子喻以义游于艺"

因而，我们传播创客文化和继承发扬中国传统文化并不矛盾。融文化之所长，按需选取其精华，从而达成中国语境下的创客文化发展指标。对于两重文化的选择性使用，著名的教育专家林崇德先生的 T型人才模式（图1），很好地例证了汲取文化精华融合发展的优势。

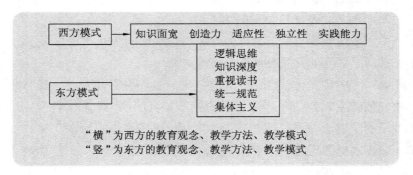

图1　T型人才模式①

◇ 第三节　在"玩"中建立起创客文化与儿童文化的互通

当我们了解到创客文化产生的历史、文化特质，以及与中国文化的关联后，我们开始思考如何将创客文化与儿童世界恰当地对接，我

---

① 林崇德.融东西方教育模式，培养"T"型人才［J］.北京师范大学学报（社会科学版），2001（1）.

们把注意点放在"玩"这个字上。

一、阳光创客课程以"杜威儿童中心学说"为理论基础

儿童之所以是儿童，就是因为他们具备特有的性质，我们所有的儿童的教育，都应该遵循儿童的特点。

杜威的"儿童中心学说"指出："儿童是起点，是中心，而且是目的。儿童的发展、儿童的生长，就是理想所在。"

"以儿童为中心"，体现在教育过程上，它要求教师应考虑儿童的个性特征，使每个学生都能发展他们的特长，尊重儿童在教育活动中的主体地位。体现在课程上，它指出课程要能真正适于儿童的生活，并特别强调了两个观点：第一，儿童和课程之间不是互相对立，而是互相关联的，"儿童和课程仅仅是构成一个单一过程的两极"。儿童是起点，课程是终点。只要把教材引入儿童的生活，让儿童直接去体验，就能把两点连接起来，使儿童从起点走向终点。第二，"学校科目相互联系的中心点，不是科学，不是文学，不是历史，不是地理，而是儿童本身的社会活动。"

二、"玩"，架起儿童文化与创客文化的互通

玩是儿童的天性。杜威说："游戏是儿童的精神态度的完整性和统一性的标志。"是让儿童成长和儿童个体回归内心世界最真实的需求和最本真的行动；是真正让他们全身心地投入活动之中，不问结果只问过程，纯粹地热爱和喜乐。

从创客文化的角度来看，"玩"是一种状态：放松、惬意、自由；"玩"是一种实践，不但要动手，还要动脑；"玩"是一种分享，与他人一起玩，才更有趣，更有意义；"玩"是一种境界，当越来越多的人一起玩时，世界将因"玩"而改变。

"玩"，完全遵循儿童成长的规律，对儿童的发展非常重要。现实的教育过程中，我们也关注到"玩"这种孩子喜欢的方式。

美国加州大学伯克利分校研究儿童教育和发展问题的心理学、哲学教授高普尼克（Alison Gopnik）在他的著作《园丁与木匠》（The Gardener and the Carpenter）中提到一个研究是这样的：有一个特别复

杂的玩具，有各种功能。你挤压一个地方，它能发出"滴"的一声；你再拉一下那个地方，它能播放一段音乐；其他的还有能说话、有闪光的效果，等等。第一组，有个实验者把这个玩具拿来给孩子们看，说她也不知道这个东西是怎么用的。她假装不经意地碰一下玩具，发出"滴"的一声，然后就把玩具留给孩子们，让他们自己玩。结果孩子们拿过来就积极探索玩具的各个方面，很快就把所有功能都找到了。第二组，实验者像老师一样，郑重其事地告诉孩子们这个玩具会发出"滴"的一声，并且演示了这个功能。然后她也把玩具交给了孩子。结果孩子们就反复模仿同样的动作去玩玩具，在很长时间内都没有发现其他功能。

很显然，自由度较高的学习方式（玩），才能更有效地通过亲身体验、亲手操作的实践，掌握知识并活学活用，发展想象力和创造力。最好的教学方式是老师应该只起到脚手架的作用，引导孩子自己搭建知识，而不是直接告诉孩子知识。从实验再看我们的教学实际。第二组实验其实在我们的教学中常常发生，虽然我们意识到"玩"这种形式适合儿童，但是我们更多的是想利用这样的"玩"去安排有步骤的教学，"玩"在这样的课堂中只是徒有一个"外壳"，教师很少完全放开空间与时间，给孩子玩的自由，我们仍然是在引导孩子一步一步地跟着老师达成教学目标。我们的这种"玩"，无非是让原有的教学环节更加有趣。这种"功利"的"玩"和创客精神弘扬的"本真"的"玩"，结果肯定是大相径庭，孩子们身上原有的或是可能发展的创新能力会慢慢丧失。

《论语·雍也》言："知之者不如好之者，好之者不如乐之者。"知、好、乐是学习的三层境界，创客教育要达到乐学，才能让学生从内心体会创新与分享的快乐，并促进其健康人格的塑造。创客教育不仅要好玩，而且要让学生经历完整的探究、制作一个项目作品的过程，而不是亦步亦趋地跟随教师的讲解边讲边练。因此，其意义不仅在于帮助学生运用所学知识解决实际问题，也在于探索、创造和改变的过程中主动地发现知识。站在创客文化的角度上，我们更应把"玩"看作一种试错式的学习，关注那些似乎一直在重复但是在重复之中又总发生的变化，研究总结这些动作和想法的后果是什么，寻找有效的途径。

"玩"显现了创客文化的精髓，遵循儿童成长的规律，架起了创客文化与儿童世界之间的桥梁，也成为我们再造课程的基础。

从"玩"出发，我们基于可能性建设课程体系，注重选择性丰富课程内容，尊重差异性探索课程评价。

◇ 第四节　寻根与追问，选择与放弃，寻找课程的生长点

在对创客文化、创客教育，以及创客文化与儿童文化的互通的理论综述之后，我们思考的是如何让创客课程落地学校。课程的规划既要基于国际视野和未来发展的前瞻性，也要基于儿童发展的特点，基于学校实际的可能性和现实性。课程的架构和规划是建立在一所学校的传统和已有文化的基础之上的，是一种对学校传统与文化的寻根和追问，即这所学校已有的文化是什么，在已有的传统和文化中，哪些因素激励了师生成长，哪些因素值得深入挖掘与开发。同时也是一种选择和放弃，即基于未来的发展需求及现实条件的变迁，哪些文化传统已经无助于学校更高远的发展，或是我们在所有现有因素中，哪些因素是最具优势的。这些问题，我们既要邀请专家领导指明方向，提供智慧支持，更需要全体师生、家长进行反思分析，群策群力，献计献策，形成共同愿景。

"虎踞桥边妙觉寺，银杏树下书声朗。"江苏科技大学附属小学的创办时间可追溯到 1933 年，这所学校的前身是城东妙觉寺佛堂内的私塾，寺前一左一右各有一棵银杏树，1933 年位于南门，即称南门小学。2008 年，学校与靳家巷小学合并，扩大了办学规模。2012 年，正式更名为江苏科技大学附属小学。如今，妙觉寺早已不见踪影，但寺前的老银杏还有一株留在校园里，成为学校历史的见证，它静静地伫立了近200 年，看四季轮回，听童音缭绕，伴随学校走过近百年的历程。学校坐落于镇江美丽的京杭大运河边，以"圆融""唤醒""乐享"为核心

理念，实施"阳光教育"，致力于"为学生健康成长铺设阳光大道，为教师专业成长搭建阳光舞台，为学校发展营造阳光环境"。

学校近百年的历史是学校发展不可或缺的瑰宝，带有学校独特的文化。多年来，学校传承 30 年的小学排球传统运动、坚守 20 余年的品牌德育活动"八少年雷锋班"，建设了近 10 年的阳光文化，开展了近 5 年的小学科技活动……都成为学校发展的可贵资源。

时代飞奔，未来已来，无论是国家的培养目标，还是我们的服务对象的教育期许都在不断提升。一所老校如何焕发新生，成为我们发展学校的思考核心。我们通过 2 个省市级课题接力研究，坚持以传承已有的阳光文化、整合发挥高校资源、开发创客课程来引领学校发展。2019 年，学校"创客学习的校本研究"立项，为江苏省教科院"十三五"立项课题，同年，学校成为江苏省教育厅小学特色文化阳光创客文化建设学校。在专家的引领下，我们对学校进行了 SWOT 分析（表 2）。

表 2　江苏科技大学附属小学 SWOT 分析情况表

因素	S（优势）	W（弱势）	O（机遇）	T（挑战）
地理环境	毗邻江苏科技大学，高校资源；古运河风光带，环境优美；老城区生活便利。	老城区，交通拥挤，校舍无法扩大，生均活动绿化面积改善困难大。	老城区改造，校安工程的改造，对学校未来规划有益。	优化学校内涵发展，依托高校资源，凸显学校科技教育特色。
教师团队	教师团队成熟，教学经验丰富，教师敬业爱岗。教风朴素踏实，教师关系融洽温馨。	教师团队年龄偏大，教师专业发展缺乏动力。教师结构性缺编。	教师发展的潜力未完全发掘。优秀拔尖人才成长迅速。	项目化课程的共研，促进新的合作型文化生成，开发潜能，产生新的动力。
学生来源	高校教师子女较多，知识量丰富，视野宽广，动手能力强。	位于老城区，租住的外来务工子女比例不断提升，学前教育与家庭教育参差不齐。	创客教育是经验学习，不是知识学习，来源于高校知识面较广的孩子和实践经验丰富的外来务工子女都具备创客学习的基础。	针对不同的学生，建设激发潜能的课程。

因素	S（优势）	W（弱势）	O（机遇）	T（挑战）
家长情况	高校专家团队与优质资源、研究项目成为特色课程的建设的技术支持和内涵保障。	家长的素养差别较大，对教育要求不一致。高校的教师对教育的要求较高。	通过家长团队的建设，家校融合工作的开展，发挥高校家长的优势。	借助现代教育平台，加大家校融合建设，推动家庭教育。
现有成果	近十年，在全国仿生机器人大赛、省金钥匙科技比赛、国家北斗星测绘等各类科技比赛中取得累累硕果，让学校拥有科学教育项目优势。	活动性强，以兴趣小组为主，发展拔尖的学生，但普及性不佳。	学校被评为江苏省首届"十三五"科学教育示范学校，课题在省教科院"十三五"课题选拔中成功立项。省小学特色文化基地，省STEM实验学校，较高省级专家指导、交流平台。	深化成果，由活动向课程，由个别向普及，由学科向生态体系发展，发挥区域优秀特色文化示范辐射作用。
文化传统	百年历史具有丰厚的人文积淀，众多校友，拥有良好资源。	文化的传承责任重大，期待值高于现有物质条件、环境等形成矛盾。	原有文化的进一步弘扬，有根脉，有底蕴。	在历史与现实中形成新的突破。

同时，我们梳理了学校文化发展的历程。

2008—2014年，开展阳光文化建设，以"恒"为校训，确定了"播散生命阳光，成就阳光人生"的办学理念，开展科技趣味社团活动。

2014—2016年，开发资源，与科协、江科大等单位开展北斗等科技竞赛和兴趣小组。科技竞赛、科技活动逐步展现头角。学校先后被江苏省教育厅、江苏省科学技术协会评为"江苏省科学教育特色学校""'十三五'首届江苏省科学教育综合示范学校"。

2016—2019年，结合创客课程的建设，修订学校办学理念为：每天带着"太阳的气息"成长，融入创客文化进行了新的诠释：圆融、唤醒、乐享的教育——洋溢着"太阳的味道"。

根据阳光的特点及创客文化的形成来看学校阳光教育的建设要点，具体如下：

　　圆融——普照世界，阳光教育接纳包容，全面发展；

　　唤醒——万物生长，阳光教育尊重差异，唤醒潜能；

　　乐享——温暖源泉，阳光教育人文滋养，乐于分享。

　　培养目标：自信、坚毅、乐享、创新的阳光小创客

　　自此，弘扬古银杏的文化符号，坚守"日进有恒"的校训，传承已有的阳光文化，在阳光文化的基础上融入创客精神，在传承、整合、选择的过程中，开启了小学创客课程的本土化、童本化、校本化的实践探索之路。从阳光文化到阳光创客课程，完成了自身发展的一次迭代。

第二章　阳光创客课程的生态体系建构

◇ 第一节　阳光创客课程的内涵及预设创新性

在国内外理论综述及课程研究背景的分析下，我们初步界定了阳光创客课程的内涵。

面向未来，在"互联网+"和"大数据"时代的背景下，基于儿童成长特点，遵循学习规律，融合学校阳光教育的办学理念，充分发掘学校现有资源，以培养"自信、坚毅、乐享、创新"的阳光小创客为目标，融入创客学习理念，以"玩""做""造""创"为行动轨迹建构阳光创客课程，研究其在环境、课程、课堂、平台等领域生成有价值可推广的成果，形成一种适应未来的、适合小学儿童的，以自信坚毅、主动探究、乐于分享、勇于创新为文化特质的新生态课程文化。

其课程文化：一种适应未来的、适合小学儿童的，以自信坚毅、主动探究、乐于分享、勇于创新为文化特质的新生态课程文化。

明确建设背景："互联网+"和"大数据"。

确定课程目标：培养"自信、坚毅、乐享、创新"的阳光小创客；规划了实施行动轨迹："玩""做""造""创"。

确定课程研究内容：环境、课程、课堂、平台。

确定研究重点：本土化、儿童化、校本化。

预设课程研究的创新之处有以下几点：

1. 小学创客文化的渗透带来适应时代的文化新样态

创客文化创新了小学教育方式，融合了"个人需求""项目情景""审美操作""团队协作""测评反馈""乐享成果"等于一体，让儿童可以充满动力地去发现问题，然后解决问题，形成新技能，产生新成果。

2. 课程多元融合创新

创客文化将形成多学科的跨界融合，强化了课程的趣味性、体验性、协作性、操作性、发展性。

3. 实现学习方式创新

在素质教育的背景下，在创客学习的科学精神的指引下，激发与改变师生的教学方式和学习方式，"从做中学"（Learning by Doing），"在制作中学习（Learning by Making）"，打破原来的以教师授课制为主导的形式，建立灵活、开放、终身、适应学生个性发展的教育体系，逐渐形成创新、实践与分享的教与学方式。

4. 互动平台应用创新

阳光创客文化的核心在于与现实密切联结，同时，还将建立起互联网技术支撑的互动平台，达成合作互助、成果同享的现代合作关系。

◇ 第二节　阳光创客课程核心理念的确定和行动轨迹

一、基于儿童，面向未来的特色文化核心理念

教育特色的发展如同一棵植物，根植于合适的土壤，运用合适的方式，才会拥有真正的生长力，让每一颗种子成长为独特的果实。在思考特色文化的时候，我们把目光放回到教育最重要的元素——儿童，把支点落在最关键的环节——适合。在适合的时空，应用适合的资源，与适合的学习风格相契合，对适合的儿童，培育适合的素养。结合学校的资源优势和历史文化，学校特色文化的建设关注五个要素：即时空的未来性、生命的独特性、儿童的可能性、学科的融合性、文化的民族性，形成了学校特色文化的核心思想，明确了特色文化的内涵和外延。

二、凸显核心素养，满足多元需求的特色文化模型框架

课程支撑特色文化，让文化落地；特色文化反哺课程，让课程生长。学校构建了两大模型：首先是核心素养模型（图1）。以国家的核心素养发展为基础，阳光创客文化凸显与特色文化内涵一致的四个素养，即自信、实践、创造、乐享。

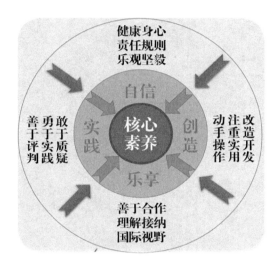

图1 特色课程核心素养模型

其次是以"玩""做""造""创"为行动轨迹。根据儿童的知识结构、能力结构、情感结构的特点安排学习的组织形态，强化课程的趣味性、体验性、协作性、操作性、发展性，形成整体构建有选择、有拓展、关注个性、凸显科学素养、融合创客学习的课程模型（图2）。

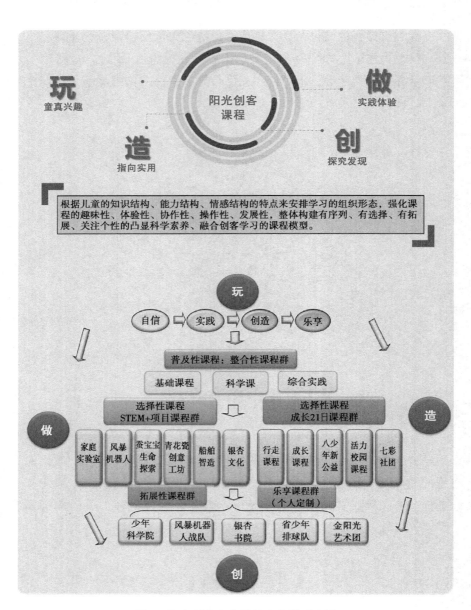

图 2　阳光创客文化的核心素养对应图

一、阳光创客课程的体系

1. 普及性课程

阳光整合性课程群，面对全体学生，纳入课表，以落实国家课程为主。结合学校资源对科学、美术、英语学科进行嵌入式整合。在科学课中融入玩创空间课程，在美术课中开设创意瓷器课程，在英语学科中开设创客戏剧课程，针对学科，结合校本设置学科性的桥梁课程，做到普及中有整合。

2. 选择性课程

设置"STEM+"项目课程群。

蚕宝宝生命探索课程：与江科大蚕研所共建，通过养蚕、种植，以养蚕种植为项目，探索蚕桑种植文化，探索生物科技。

机器人课程：在江苏科协的指导下，进行仿生机器人、WER 机器人、凤凰 EQ 机器人等项目的编程、制作、竞技。

船模航模课程：与江科大船海学院合作的以制作船模、航模的工程学、力学探索课程。

银杏文化课程：以学校 168 岁的古银杏树为研究项目，以传统文化的继承为核心的语文学科综合实践课程。

创意工坊课程：以传统瓷器制作为基础，指向使用价值的创意瓷器制作课程。

阳光小创客 21 日成长课程：是根据个人需求，融合社会资源、师资、家长资源设立的社团课程、活力校园课程、行走课程、成长课程。

所有的选择性课程根据年段设置不同的目标，做到有层次、有序列。课程设置做到选择中有层次。如在阳光小创客 21 日成长课程中，学校传承中华传统文化，传承学校坚持 30 余年的德育品牌统整课程。

在课程内容的统整中，融入了社会实践性的体验活动。如博物馆之旅、农耕体验、一元钱挑战等内容，引导学生带着探究的课题走入自然，走进社会，引导学生完成探究性报告，深化体验。在公民意识的教育中，课程融入了志愿者服务内容，与少先队工作统一，形成适应未来的新型小公民素养。通过社会化的探究体验课程，让每个孩子"带着太阳的气息"成长。

3. 拓展性课程

针对有特长的学生，建设定制课程群，发展能力。重点建设以培养"小科学院院士"为主的"少年科学院"，培养文科素养为主的有书法特长、写作特长的银杏书院，培养艺术特长的"金阳光艺术团"，以及我校传统项目排球和机器人校级社团。拓展性课程注重发展，注重学生的能力的培养，努力做到拓展中有深化。

总体而言，阳光创客课程结构力求呈现序列性、选择性、拓展性的建构。

现以江科大附小"阳光小创客"课程为例详细讲述，具体计划见表1。

表1　江科大附小"阳光小创客"课程计划（选择性课程）

类别	课程名称	课时年级	课程内容	负责
阳光STEM+项目课程	STEM基础课程	一、二年级（10课时）	整合性的动手开发课程 使用专门工具包 专利开发引导	科技组年级组
	创意工坊	三、四年级（12课时）	融古典与现代为一体，空间布置、装修设计、注重实用，要能充分有效地利用空间，风格上倾向于简朴实用的 DIY 风格	艺术组

类别	课程名称	课时年级	课程内容	负责
阳光STEM+项目课程	船航智造课程	四至六年级（12课时）	激发学生科技兴趣——通过各种生动有趣的科技作品吸引学生、激发兴趣 开展3D打印教学——面向学生传播当今前沿的3D打印技术 开展开源智能硬件教学——面向学生传播当今火热的开源智能硬件技术 开展新能源科技教育——面向学生传播能源科技知识	科技组电教组
	蚕宝宝生命体验课程	一至六年级（6课时）	和江科大蚕研所共建，体验蚕的生长历程。探索生命科学知识，形成研究报告 结合劳动常识、科学常识进行芽菜、小麦等种植活动，进行太阳能探究活动	劳技组综合组
	银杏传统文化文化课程	一至六年级（2课时）	分年级了解学校古银杏树，开设体验式传统文化综合实践课程	语文组
	书法童子功	二至六年级（12课时）	结合书法课开展项目性书法篆刻等体验活动 结合地域资源开展"瘗鹤铭"等寻访实践活动 结合传统节日开展写春联等创作活动	语文组德育处
	七彩阳光社团课程	一至六年级（16课时）	按年段分为三个梯度。结合江科大团委成立大学生实践基地，开展有选择性的艺术、体育等社团活动（详见社团课程表）	教导处德育处体育组
21日金阳光少年养正课程	仪式课程节日课程	一至六年级（2课时）	入学仪式、入队仪式、成长仪式、毕业典礼 科技嘉年华、读书节	德育处
	七彩少年成长课程（21日养正行动）	一至六年级（8课时）	结合学校多元评价体系，分年段对学生行为习惯进行培养	

类别	课程名称	课时年级	课程内容	负责
21日金阳光少年养正课程	行走课程	一至六年级（4课时）	行走课程指各类探究性社会实践活动，如采茶、农耕等体验活动，以及各类参与性社会实践活动、校馆衔接活动	德育处
	八少年雷锋班新志愿者行动	一至六年级（4课时）	八少年雷锋班志愿者活动	
活力校园课程	排球文化课程	一至六年级（16课时）	体育课中，由专业的排球教师授课，进行排球文化教育和排球技能训练	体育组
	活力课程	一至六年级（8课时）	传统体育项目花绳、毽子、空竹、现代体育项目网球、街舞、啦啦操等的开发	
能力大闯关	基于学生核心素养的学科基础知识和基本能力过关	一至六年级（4课时）	语文：一年级拼音过关，二年级查字典比赛，三四年级汉字听写大赛，五六年级作文大赛短文分析等 数学：口算、计算、解决问题达标，一二年级口算，三四年级计算，五六年级解决问题 英语：我爱记单词；英语演讲比赛 科学：四五六年级实验探究。每学期一次。其他学科自定。 设奖项：在年级中设置优胜奖，在学生中设置满分奖、优秀奖、进步奖	教导处教研组

类别	课程名称	课时年级	课程内容	负责
创客国际交流	基于"创新与实践的理念"，开设Phonics，Reading，Drama三合一国际课程	一至六年级（16课时）	Phonics是课程基础，培养学生拼读能力，扩容词汇量；Reading是核心，Reading以分级阅读为主线，包括科学、文学、社会三方面的分级阅读绘本；Drama是语言的创新与输出，创客英语团队的老师自编、自导、自演英语话剧，定期举行话剧展演活动 充分利用外交资源与积极建立国际友好学校，以学校、班级，家庭为单位积极开展国际交流活动	英语组
智力冲浪	数学发展性课程	一至六年级（8课时）	提升数学素养、智力开发，玩转数学等结合数学学科文化的课程	数学组
书香伴我行	亲子阅读年级阅读读书节	一至六年级（4课时）	各年级结合推荐书目，充分运用学校图书馆、班级图书角、校外阅读资源开展读书活动，邀请名家来校进行读书交流活动	年级组教导处

⭐⭐⭐ 阳光 STEM+项目课程案例

小小清洁车
江苏科技大学附属小学　江枫

STEM+项目课程：小小清洁车

江苏科技大学附属小学　江枫

【教学目标】

1. 通过观察马达结构拆分图，知道马达内部基本组成结构。

2. 通过分组探究，知道马达在生活中的应用，并对其进行分类。

3. 掌握制作清洁车的方法，了解偏心轮原理。

4. 通过分组探究，知道偏心轮在生活中的应用。

STEM+教育素养培养

维度	培养目标
科学素养	1. 能根据自己的想法，创作与众不同的清洁车； 2. 通过实验探究，了解偏心轮原理。
技术素养	掌握制作清洁车的方法，独立完成清洁车。
工程素养	探究观察马达拆分图，了解马达的内部结构。
数学	/
+	1. 了解马达在生活中的运用，并学会对其分类； 2. 知道偏心轮在生活中的应用。

【思维导图】

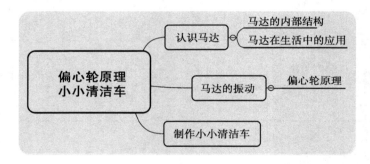

【教学过程】

一、导入

（桌子上的手机振动了起来并发出了声音）

你知道手机为什么会振动吗？（视频）

除了手机之外，还有很多机械在工作时都会产生振动，你知道有哪些吗？

生活中的许多电器都用到了马达，它是把电能转化为机械能的设备；它是利用通电线圈在磁场中受力转动的现象而制成的；它在现代社会有广泛的应用……

接下来，我们就来学习一下马达的工作原理，看看它在生活中的应用吧！

二、认识马达

展示实物和 PPT 图片，通过分组探究，观察马达内部结构。

观察马达内部结构，你发现了什么？与同伴交流并记录你的想法。

结论分析：马达是由定子（固定部分）和转子（转动部分）两个基本部分组成。马达是根据通电线圈在磁场中受到力的作用而发生转动的原理制成的，它在工作时将电能转化为机械能。

三、马达振动

1. 出示实验材料：棉签、马达、电池、电池盒、导线、开关。

2. 分组探索，小组分别选择一个实验，实践讨论后并记录，上台分享。

① 通电后，马达转轴上没有棉签；

② 通电后，将棉签插到马达转轴上；

③ 通电后，将棉签折弯插在马达转轴上。

3. 结论分析：轮的中心不在旋转点上时，会产生偏心轮振动，这样的轮就是偏心轮。偏心轮主要的目的是产生振动，而且大部分偏心轮都是圆形轮。将弯棉签插到马达上时，就成了一个模拟的偏心轮，因此，我们会感觉到马达振动得非常厉害，好像要飞出去了。

四、自制清洁车

1. 出示制作材料：实验材料、刷子、泡沫胶

2. 制作过程

① 将马达、开关和电池盒用导线连接在一起；

② 用泡沫胶将马达粘在刷子的前端，插上棉签，再将电池盒粘在刷子的尾部；

③ 装上电池，拨动开关，看看你的清洁车能刷地吗？

3. 原理

我们的清洁车没有轮子，它之所以会跑动，是因为马达的偏心振动带动刷子振动起来。我们生活中常用的电动刷子、手机振动器等，就是利用了偏心轮的工作原理。

4. 比较哪种方法可以让清洁车动得快一些？

5. 改进你的清洁小车，增强它的清洁功能吧。

小创客"刷"出改进生活的"成功"感受

江苏科技大学附属小学 江枫

"老师，老师，您快看，清洁车自己跑起来啦！""哎呀，我的清洁车太不听话了，到处乱跑啊！""快来看，我们的清洁车在跳8字舞！"课堂上，同学们正兴奋地围着刚刚自己动手制作的小小清洁车观看表演呢。

这是学校 STEM 课堂上的一幕，作为江苏省 STEM 项目试点学校，学校阳光 STEM+课程经过两年的实施，目前已全面进入一至四年级课堂。为让更多的孩子能接触到 STEM 课程，学校以"玩""做""造""创"为核心，整合学科进行 STEM+项目化课程实施，面向全体孩子提供差异性教育，激发每个孩子的潜力，让跨学科知识融入课堂，培养孩子们综合素养，促进创新型人才的成长。

此课设计源于学校在承办市小学 STEM 实验学校课程教学研讨活动中"真实生活情景下的 STEM 项目化课程的构建"这一主题的探索。力求让孩子们初步感受偏心轮原理：当轮的中心不在旋转点上时，会产生偏心轮振动，将弯棉签插到马达上时，就成了一个模拟的偏心轮，再将小电机和普通的刷子结合起来，接上电源，便制作出了一个个可以自己"行走"的清洁小车。

课程项目来源于学生的生活实际，不少孩子家里有扫地机器人，更多的孩子见过吸尘器，因而他们对于"清洁小车"并不陌生。在教学设计时，我和项目组的同仁们还在担心动手操作的部分对于二年级的孩子会有困难，可能在制作过程中要耗费较多时间，但在实施过程中我们惊喜地发现：孩子们经过一年的 STEM 课程学习，能力有了很大提升，不仅能熟练说出各种材料的名称和作用，而且很快就完成了小车的制作并能成功运转起来。于是，我和他们商量，"既然大家都认为自己做的清洁小车很棒，那我们就进行一次清洁小车大赛，比一比看哪一组的小车在规定的场地、相同的时间内，完成清洁任务效率最高，能刷新其他组小车的清洁纪录。"有了目标就有了动力，大家为了能让自己组的清洁小车刷新纪录，都在认真讨论改进方案。他们发现，原来制作的小车在清洁桌面的时候经常出现小车跑偏、清扫范围不够大、清扫不彻底等情况。发现了问题，才能对症下药，找出解决问题的方案。很快，教室从原来的小车"生产车间"变成了小车"升级改造车间"。有的组加深了棉签的折痕，提高偏心振动的幅度；有的组用剪刀给小车修了修"脚"，让小车行走路线更加"听话"；还有的组用卡纸剪成合适的形状，给小车加上了"簸箕"……

一会工夫，原先几乎每组都造型一样的清洁小车，现在为了实现其特殊的功能都各不相同了，这样的结果正合我意。教学的目的并不是要让学生产生千篇一律的结果，只要给他们一个明确的目标，充分调动他们的发散思维，他们往往会让你收获意外的惊喜。

还出现了一个特异组。有一组同学因为没有按照老师的要求把导线整理好固定在小车身上，导致小车工作时转动的棉签将导线缠绕在一起并拉断了电机接口。这时，我并没有给他们更换新的配件，而是强调了操作的规范，并向这组同学表示如果不能及时修好，那他们只有遗憾出局了。有了这个"教训"之后，所有同学都更加认真细心完成每一个步骤，而这组同学也不甘就此放弃，他们还是想办法拨开了导线，又重新接了上去。在后面的刷新纪录赛中他们做得更加用心，虽然在清洁功能上受到了很大的影响，不过外观造型获得了大家的一致好评。

让孩子体验失败，这对孩子来说是一个非常重要的磨炼过程，这样既强化了他们的意志，又锻炼了他们克服困难的能力。孩子们在做中学，自己设计的清洁小车有不错的清扫功能，造型上也各具特色，经过一番比拼，纪录一次次被刷新。我们的课程并没有止步于此，而是让孩子们设计广告语和宣传画，想办法将自己制作的"产品"成功推销出去。孩子们通过讨论，制作营销方案，通过与他人交流，用稚嫩的语言推销自己的产品，这些对于刚上二年级的孩子们来说，又一次刷新了他们人生中的纪录。

这次 STEM 项目化课程的教学实践，让我们课程组的老师都有了新的认识：STEM 项目化课程学习的素材要来源于真实的生活，生活的改进需要通过学习与制作来实现，孩子们通过这样的方式学会了像科学家一样去思考，像工程师一样去制造，综合素质实有提升。STEM 项目化课程的目标要在"做中学"，一定要操作，如果不操作就不是 STEM；一定要放开空间设计，放手让孩子去设计，这就是工程；一定要有产品，这样能很大地激发学生的成功感受，让"小创客们"感受到自己改变生活的快乐，这就是技术。而真实的生活情境、操作、工程和技术就体现了 STEM 项目化课程学科整合的宗旨。

制作让生活"改变"，让课程"落地"

江苏科技大学附属小学　蔡艳

在江苏省规划院"十三五"规划课题的引领下，我校实践 STEM+项目化整合课程。

在项目化实施初始阶段，项目组教师很容易将课程处理为多学科"组合"，有的时候，课堂甚至呈现的是一段语文课，一段科学课……距课程目标预设的"整合"相差甚远。在科学、语文、数学、物理、美术整合型项目化汇报课《小小清洁车》课程教学实践中，项目组成员集体研究《小小清洁车》的教学设计，如何做到真正的学科"整合"、能力"综合"，成为项目组攻克的主要目标。最终，我们扣紧了两个关键，即"生活"与"改变"。首先，项目化课程必须与学生的生活紧密相连，是学生非常熟悉的内容，其次，要通过"制作""设计"改造生活，感受到自己的"制作"给生活带来的改变。于是，项目组针对学情制定了教学步骤和流程。课程教学结束后，我们发现改进小车环节成了这节课最精彩的地方。教室从原来的小车"生产车间"变成了小车"升级改造车间"。有的组加深了棉签的折痕，提高偏心振动的幅度；有的组用剪刀给小车修了修"脚"，让小车行走路线更加"听话"；还有的组用卡纸剪成合适的形状，给小车加上了"簸箕"……

学生获得改造的成功后，创意的灵感不可抑止，在后期的推销清洁小车的环节中，他们结合自己购买物品的经历，有的在外形上设计成可爱的模样，有的注重颜色对推销小车的作用，有的设计了有趣的宣传语，还有一个小组在"性价比"上大做文章，真让所有参与课程的老师大跌眼镜。所有的教学过程再也不是学科的简单"结合"，学生从推销的过程中反过来发现制作过程中的设计灵感，反之，因推销的需求，又对小车的功能进行了合理化的改造，使之更适合生活使用的需求。学科的整合及综合素养的提升真正在发生着。

二年级的学生之所以产生如此生动的"创造"，是因为我们的课程直接联系学生的真实生活，"玩与做"与"真实生活"之间产生了看得见、摸得到的实际改变，让学生们发现，自己不再是一个消费者，而是一个设计者、改造者，这样直接的成功体验，激发起每个学生的兴趣和创造力。做有趣的设计，做有用的东西，做出自己想改变的效果，处于真实生活情景中的有趣味的"做"正传达了 STEM 课程的多学科整合、多素养提升的主旨，让课程真正落地。

✦✦✦ 学生参加课程的感受

我和机器人

江苏科技大学附属小学　五（3）班　江依萌

"如果我有机器猫，我要叫他小叮当……"小时候我有个梦想，希望自己也能有个机器猫，能给她换衣服、和她一起吃饭、和她一起玩耍……我还要给她起个好听的名字叫"喵小诺"。

上学后，听说学校有机器人社团，我兴奋极了，毫不犹豫就报名参加了。在这里，我学会了操控凤凰 EQ 机器人完成垃圾分类任务，学会了用木板、雪糕棒制作 PowerTech 仿生机器人模仿各种动物的行走并完成接力比赛，还学会了编写程序，让 WER 机器人完成一项项工程任务……其中，我最喜欢的就是编程机器人了。

在学习机器人的过程中，我也遇到过困难。不过，当我解决了这些困难后，我会感到更加快乐。记得有一次在做"铁矿"开采任务时，我的机器人在带回"铁矿"时总是被前面的"吊桥"挡住路线。

想要继续走吧，有个霸道的大桥拦在前面；想要掉头走吧，"铁矿"就会无情地从机械臂上脱落下来，这可真急死我了。我满头大汗看着那可恶的"吊桥"两边打开的桥面，就像张大了嘴巴冲着我得意地笑，真是气死我也。后来，我想起老师说过遇到困难时可以尝试换一种思路，从另一个角度去考虑也许就会有新的发现。于是，我调整了原来的程序，让机器人倒车驶向任务区域，再接上一个"启动马达"程序，这样不用巡线就可以转弯，完美避开了这个"拦路虎"，还顺便完成了"扶正风扇"的任务，真是一举两得。你还别说，这方法还真管用。在刚刚举行的镇江市机器人比赛中，我和队友就用这个方法大大提高了任务的效率，最终获得了一等奖。

我喜欢机器人，他是我的好朋友；我喜欢机器人社团，在这里，能让我学习到很多科学知识；我更喜欢学校的创客学习，它能让我从小学习创造，尽情施展科学技能，乐享创新给我带来的成功体验。

第三章　阳光创客课堂的生命样态

◇ 第一节　让创客文化在课堂里生根

　　前面我们阐述了创客课程建设的目标及框架的建构，但实现课程目标的最关键的一环在课堂。创客文化与教育的融合，是一种文化的融合和渗透，所以，在谈到我们要进行课堂教学的研究时，那种非此即彼、全盘颠覆的想法，是无法让某种新文化落地的。我们需要在原有的教学中进行改造、调整、增减，然后通过效率的测量，来探索不同教学方式的实效。要让创客学习真正落地在课堂里，成为一种有意义的学习。

　　有意义的学习是知识和经验的有机统一。瑞士心理学家皮亚杰（Jean Piaget）用图式、同化、顺应、平衡的概念来阐释人的学习过程。学习就是每个人基于自己的认知结构，通过同化、顺应，将外在知识和自己已有的认知结构和经验进行有机统整的过程。美国学者大卫·铂金斯提出了"脆弱知识综合征"的概念。他认为，学生学习到的很多知识都是非常脆弱的，这种现象在当前我国的基础教育中广泛存在，学生学到的知识大都是为了应付考试，脆弱肤浅，不堪一击。学生很难把这些知识和自己的生活经验有机统整，并运用到自己的生活中去。因此，我们采用创客学习的方式就是力图引导学生进行有意义的深度学习，整合那些割裂的碎片化的知识，联结学生的已有知识经验，引导学生基于个人认知结构的自主知识建构，真正形成有个人化的"活化"的知识。皮亚杰在其《理解即创造》（To Understand Is To Invent）一书中写道："教育应该引导孩子建构解决问题的方法，从而促成孩子内在的蜕变，而非浅显的表面的改变。"

　　在课堂实施创客学习方式，就是将创客强调的"动手、分享、问题解决"的行为和精神，以创客空间为主要场所，以现代信息技术为主要工具，融合 STEM 等多学科、跨学科知识，通过创客项目的创意、设计和实施的完整过程，实现培养学生想象力、创造力和动手解决问题能力的教学活动。相对于传统课堂学习，课堂里的创客学习力求借助现代信息技术和个人化制造工具、开源软硬件，实现了由通常的"知、行"统一甚至是单纯的"知"进化为"知、行、创"的统一。基于项目的设计学习、动手做学习是常使用的学习方式。这种赋予一定意义的"玩、做、造、创",其本质也应发生变化,而不是停留在热闹、有趣等表面。这就是指导一个孩子去执行一项任务和让这个孩子自己找出完成任务的方法之间的区别。这种自我转化、个性化和社会化改变才是制作的核心所在,也是创客学习在课堂真正发生的关键。

◇ 第二节 "做和造"——创客学习方式的实施和评价

一、迭代和工程思维

什么是迭代?迭代是一个不断重复反馈的过程,其目的是逐步逼近目标或结果。每一次对过程的重复称为一次迭代,而每一次迭代得到的结果会作为下一次迭代的初始值。

什么是"工程思维"?"工程思维"即"工程设计思维",首先是设计性学习,即如何有效地承接、定义及界定一个设计项目的知识,关于设计流程的知识,以及运用迭代方法探索各种可能性和优化设计方案所需的知识。其次强调了工程、技术及科学之间的联系,即科学如何为技术提供新功能并有助于工程设计技术和工程,如何为科学提供工具并拓展其领域,以及不断涌现并被广泛采纳的新技术是如何影响社会和自然界的。这两者均是我们学习过程中要引导和关注的重要特质。

1. 设计型学习

设计型学习作为一种具体的探究性学习样式(Pattern),可以作为创客教育融入日常学科教育教学的一种具体实现方式。设计型学习本质上批判性地继承和集成了研究性学习与项目式学习的优点，更加突出了创客教育实践的"工程性"和"创新性"，强化了创客能力训练的"复杂性"和"劣构性"，落实了创客学习过程的"探究性"和"体验性"。

创客教育的"工程性"表现在：教师给学生提出挑战任务发散学生思维，将工程制造知识进行整合，设计能反映主题的项目，再通过新学的知识，重新加以修改和设计。

创客教育的"创新性"表现在：学生能够获得能用在各个研究领域及日常生活中的知识和技能，包括：批判性地思考问题；独立查找相关信息；创造性地把信息应用到具体需求中；测验想法的有效性；从错误中学习并拿出新的解决办法；与他人合作并且民主决策。

创客技能训练的"复杂性"表现在：设计型学习过程初始一般设计一些"框架"，如挑战任务、概念、标准等，但这些只是一些准则并没有束缚学生思维，反而可以使学生以此为中心发散思维；强化了创客技能训练的"劣构性"。

2. 设计型学习的过程

"挑战性任务——教师给学生提出挑战任务发散学生思维；整合型思维——学习者将各科知识进行整合，回忆利用已学的知识，设计能反映主题的制品；迭代性设计——再通过新学的知识，重新加以修改和设计。"

可以看出，创客教育和设计型学习在探究过程上有共同的取向——是一个制品设计与迭代的过程。对于创客教育而言，好的创客项目必须满足当前的实际需求，在解决问题的过程中运用设计思想，学生获得能够用在各个研究领域及日常生活中的知识和社会技能，极大提高了学生学科学习的兴趣和积极性。

二、创客学习的效果评价

创客学习的效果评价包括创客作品的评价和学生本身创新能力的评价两部分。创客作品本身应同时具有新颖性和价值性。一方面，创客作品应是独创的，既可以是某一技术或方法在另一个全新情境下的应用，也可以是多个技术或方法的组合应用；另一方面，创客作品应具有一定的个人价值或社会价值，能够解决一定的生活问题，具有一定的实用性。同时，创客作品作为一种人工制品，其外形设计和功能实现也体现了学生的设计和动手能力的高低。因此，对创客作品的评价包括作品的新颖性、作品的价值性、作品的外形设计、作品的功能实现等四个二级指标。

根据威廉斯创造力测量方法，创新能力的评价包括认知和情意两个方面，即创新能力不仅表现为一种思维能力，也表现为一种情感态度。同时，创客教学强调学生动手能力的培养，根据 CMT 模式中创客作品的创作过程分析，学生在利用工具进行设计和制作，以及展示环节都应具有相应的技能。因此，学生创新能力的评价包括创新意识、创新思维、创新技能、创客作品四个一级指标。其中，创新意识是指个体对创新与创新的价值性、重要性的一种认识水平、认识程度，以及由此形成的对待创新的态度，对应的二级指标是好奇心、冒险性、挑战性；创新思维是个体创造性的具体表现，其核心是发散性思维，对应的二级指标是思维的流畅性、思维的变通性、思维的独创性；创新技能是指将创新的想法转化为设计并制作成作品，以及对作品

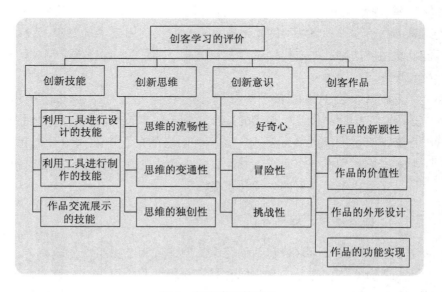

图 1　创客学习的评价

进行展示和分享的具体技能，对应的二级指标是利用工具进行设计的技能、利用工具进行制作的技能、作品交流展示的技能。

◇ 第三节　AWSN 动感课堂的实践与评价

　　基于以上的探究，我校在创客学习的实践中确定了"基于现象的学习、基于项目的学习、基于问题的学习、基于设计的学习、基于场景的学习"五个创客学习策略，积累案例，形成资源，提升课堂效能，发展师生能力，并建构"AWSN"动感课堂的教学模式。

　　"Activity"（体验参与）：学生通过课堂实践、游戏、实验和艺术活动等参与学习设计；

　　"What"（概念探索）：学生通过慕课、专题网站和在线讨论等探索相关的概念意义；

　　"So What"（意义建构）：课后学生通过完成测试、撰写博客、反思等形式完成意义建构；

　　"Now What"（展示应用）：课堂上，学生通过有创意、个性化的项目，展示和应用学习成果，分享成果。

　　课堂的创客学习成效如何，采用比格斯 SOLO 分类评价理论与深度学习理论，通过设置不同角度的观察量表来测量学生学习的层次。

　　SOLO 分类评价理论是香港大学教育心理学教授比格斯首创的一种学生学业评价方法。他将学生分为五种结构，分别为：前结构、单点结构、多点结构、关联结构和拓展抽象结构。在每一个结构层次上，可以通过能力、思维操作、一致性和收敛、回答某一具体问题时思维结构所处层次等五个维度来对学生的学习结果进行评价，确定学生的反应处于何种层次。比格斯提出的思维分类结构是一个由简单到复杂的层次类型，具体来说，就是点、线、面、立体、系统的发展过程，思维结构越复杂，思维能力层次就越高。具体评价法见图 2。

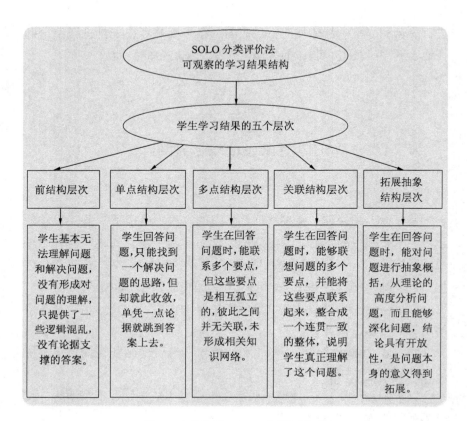

图 2　比格斯的 SOLO 分类评价法

　　根据此理论，我们设计了创客学习的课堂观察量表（表 1 至表 6），以此来多角度测量课堂学习的效能。

表 1　江科大附小"AWSN 动感课堂"常态课评价表

班级		日期		听课人	
节次		学科			
执教者		教学内容			
备课目标与课堂教学契合度					

备课教案和教学过程吻合度	
创客学习的方式	
作业情况	

学习习惯	课前准备	听说习惯	读写姿势	作业规范
不合格人数				

课堂行为观察	前 15 分钟注意力集中人数比率	
	教师组织教学的方式	

听课意见（总评）	

表 2　江科大附小 "AWSN 动感课堂" 常态课质量抽测统计表

学生姓名	抽测内容	抽测情况

备注：1. 听课结束，根据教学目标和内容抽检 3~4 名学生，记录结果。

2. 听课教师及时与上课教师交换意见。

3. 每周周五教导处收齐一周听课评价表存档备查。

表 3　江科大附小"AWSN 动感课堂"观察量表（教学行为）

执教者：　　　　　课程内容：　　　　　班级：　　　　　观察者：

观察维度	观察点	最大亮点	思考与建议
知识点的呈现	教学过程是否清晰，教学结构是否紧凑，讲解是否契合主题		
	板书呈现方式是否能促进学生的学习		
	媒体呈现方式是否恰当		
针对性的指导	是否关注学生的自主性学习		
	是否关注学生的合作性学习		
	是否关注学生的探究性学习		
与学生对话	提问的对象、次数、类型、结构、认知难度是否得当		
	教师的理答方式和内容是否有效		
	课堂教学中的话题与学习目标是否契合		
意外现象的课堂机智	教学设计是否根据课堂教学情况进行适当调整		
	是否能机智地处理来自学生或情景的突发事件		
	是否呈现非语言行为（表情、移动、体态语言）		

表 4　江科大附小"AWSN 动感课堂"观察量表（课程建设）

执教者：　　　　　课程内容：　　　　　班级：　　　　　观察者：

观察维度	观察点	最大亮点	思考与建议
课程设置的目标	课程设置的目标是否符合课标要求		
	课程设置的目标是否符合学段要求		
	课程设置的目标是否符合学情实际		
课程选择的内容	课程选择的内容是否紧紧围绕课程目标		
	课程选择的内容是否安排合理		
课程实施的策略	课程实施的策略是否凸显儿童本位		

观察维度	观察点	最大亮点	思考与建议
课程评价的效能	课程评价是否具有激励作用		
	课程评价是否有延展学习效能		
课程资源开发	是否有对课堂生成的课堂课程资源的开发再利用		
	是否有课程资源的拓展		

表5 江科大附小"AWSN 动感课堂"观察量表（学生学习行为）

执教者： 课程内容： 班级： 观察者：

观察维度	观察点	最大亮点	思考与建议
学习习惯的影响	良好的课前准备习惯（课前准备是否及时、到位）		
	良好的书写习惯（书写姿势是否正确）		
	良好的思考习惯（是否能主动思考、能围绕目标有效思考）		
倾听的品质	有多少学生能认真倾听？倾听的时间有多长？		
	有多少学生能认真倾听同学的发言？		
	倾听时有哪些辅助行为？（笔记、赞成或补充）		
合作互动的表现	有哪些合作、互动行为？		
	参与提问、回答的人次、时间、对象		
自主学习情况	自主学习的时间、人数		
	自主学习的形式有哪些？（探究、笔记、阅读、思考）		
	学优生、学困生的参与情况		
个性表达情况	学生能否清晰、流畅地表达自己的想法或思路		
	学生能否有独特的思考，并大胆表达		

表 6　江科大附小 "AWSN 动感课堂" 观察量表（课程文化）

执教者：　　　　课程内容：　　　　班级：　　　　观察者：

观察维度	观察点	最大亮点	思考与建议
创新的理念	是否有自主、合作、探究的学习块面		
	是否重视形象观察、体验感悟的能力训练		
民主与关爱的氛围	是否耐心倾听学生的意见，并与学生平等交流		
	是否关注全体学生的发展		
其他特质	是否彰显创客文化		

⭐✦✦⭐ 教学案例

照镜子

江苏科技大学附属小学　江枫

本课是苏教版小学《科学》五年级上册第二单元 "光与色彩" 的第二课，属于课程标准中的 "物质世界" 中 "能量的表现形式" 这一范畴。主要通过照镜子来研究光的反射现象，并利用镜面反射的原理，开展一些光学小游戏，动手制作一些光学玩具。本课教学分为三部分，第一部分是认识光的反射现象，建立光的反射概念。通过 "引阳光入教室" 的聚焦活动，调动起学生小时候玩镜子的经验，融入探究的情境。第二部分研究镜子的反光现象，主要是通过一些有趣的游戏活动，发现镜子成像的特点。第三部分是通过饶有趣味的 "看镜子读字" "笔在五角星像中走" 这些游戏活动，巩固对镜子成像特点的认识，进一步激发学生的探究兴趣。

【目标预设】

1. 能够通过实验研究镜子的反光现象。

2. 知道光线照射到物体表面时会发生反射，表面越光滑，反射的效果越好，镜子是最好的反光物体。

3. 知道潜望镜的工作原理，并能画图解释。

4. 体验到人类对光学规律的认识与利用会给我们带来许多方便，意识到技术发展会给人类和社会发展带来好处。

【重点与难点】

重点：认识光的反射现象。

难点：知道光线反射的规律，会画出线路图。

【设计理念】

建构主义认为，知识不是通过教师传授得到，而是学习者在一定的学习环境下，在教师和学生伙伴的帮助下，利用必要的学习资源，通过意义建构的方式而获得的。在这一理论的指导下，我主要采用"探究发现—集体研讨"教学法进行教学。

【设计思路】

根据《课标》的基本理念、对教材的理解和学生的年龄特点及实际情况，我对本课进行如下四大环节设计。

1. 了解"像"及"平面镜"概念

2. 探究平面镜成像规律

3. 探究光的反射规律

4. 拓展探究曲面镜特点

这样的设计是想让学生在学习内容的科学探究水平上能够层层递进、层层深入，力求课堂教学更加有效，学生的科学探究活动也能达到自控。

【教学准备】

每人准备一面平面镜。

【教学过程】

一、导入新课

今天，老师很高兴见到大家，我想给大家来一个智力大考验，你们敢不敢接受挑战？

猜谜语（打一生活用品）：

你哭它也哭，你笑它也笑，伸手摸一摸，你却抓不到。

这就是镜子。

你知道镜子有哪些作用吗?

二、认识反光现象,建立光的反射观念

1. 谁能用镜子把光线请进阴暗的教室?

① 说说你为什么可以把光线请进教室?

② 像这样,光线照到物体表面后会返回来,这种现象叫反射。

2. 你还知道哪些物体可以反射光线?

几乎每样物体都可以反射光,越光滑的表面,反射效果越好。镜子就是最好的反光物体。

三、研究镜子的反光现象

1. 我们来做照镜子的游戏,看看你有什么发现。

(完成活动记录)

通过照镜子游戏,我有以下发现:

两位同学照同一面镜子	
将直立的两面镜子形成一定角度,观察镜中影像的变化	

老师也给大家带来了几种玩镜子的新花样,你们想不想玩?

① 通过镜子写相反的字。

"我们都是小小科学家,大家一起来做科学。"

② 让笔在镜子里五角星的间隙间行走。

2. 日光打靶游戏。

① 在黑板上画出靶心,要求学生用镜子两次反射日光打靶⊕。

② 试着画出光路图。

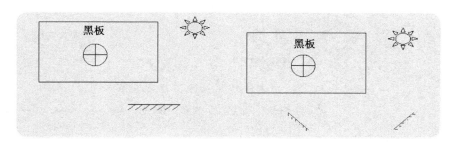

③ 在操场上也有这样的靶心，我们请同桌组成打靶小分队，用镜子两次反射日光打靶，看谁的中靶率高。（请各位老师来做裁判）

3. 观察潜望镜，你能用箭头画出潜望镜的工作原理吗？课后同学们也可以试着做一个潜望镜。

四、曲面镜

1. 刚才，我们研究的都是平面镜，如果镜面不平，看到的像有什么变化？

将光洁的不锈钢勺子当作镜子，分别用它的正面和背面照一照自己，你会看到什么样的影像？前后移动勺子，影像有什么变化？

2. 通过观察，你有什么发现？

小结：镜面的平整程度不同，所成的像也不同。

3. 这样的镜子在生活中也有独特的作用。你能举例说说吗？

五、总结

通过今天的学习，你有什么收获？

【活动记录】

小组成员：_____　　　　日期：_____

通过照镜子游戏，我有以下发现：

自己单独照一面镜子	
两位同学照同一面镜子	
将直立的两面镜子形成一定角度，观察镜中影像的变化	

（本文获 2017 年省级教学设计一等奖）

变"教数学"为"做数学"

——小学数学实践操作与探索

江苏科技大学附属小学 陈杨

教育学研究认为：在数学教学中，让儿童动手操作学具或通过折折、画画等操作实践，使教学过程生活化，可以帮助儿童获得直接感性认识，再经过手脑并用，便可以建立起清晰鲜明的表象，进而培养儿童抽象思维能力和空间观念。数学实践活动是让学生通过自己动手操作，进行探究、发现、思考、分析、推理、归纳等思维活动，最后获得概念、理解或解决问题的一种教学过程。数学实践活动能有效地激发学生的学习兴趣，培养学生良好的探究学习习惯，促进学生全面发展，进一步推进新课程改革。

一、小学数学操作实践教学作用巨大

数学实践作为用具体的操作实践方法研究学习抽象的数学知识，对加强数学与现实生活的联系，弥补数学的抽象性，使数学更容易被认识理解，具有巨大的发展前景，而小学数学的操作实践教学更是作用巨大。小学生年龄小，生活经验少，活泼爱动，喜欢动手操作，适合形象思维学习。因此，让小学生用自主操作实践的方法学习抽象的数学知识，不但非常适合小学生的心理发展特点和认识规律，还能激发他们的学习兴趣；而且有利于从小培养学生的探究实践能力和自主创新精神，有利于他们的个性发展和科学世界观的养成。这是新课程改革中较理想的探究性教学方法。因此，小学数学操作实践教学具有广阔的发展前景。

1. 真正意义上发挥学生的主体作用

教学中，依据实践材料、实践活动的特点，变"教数学"为"做数学"，使以往"一人演示众人看"的被动接受式学习转变为"人人动手实验"的主动探索式学习。运用课堂操作实践，将静态的知识结论变为动态的探索过程，为学生提供"再创造"的机会，让学生自己通过有目的地操作、观察、比较、分析、讨论，从直观到抽象，从感知到内化，主动构建自己的认知和经验，从而有效地实现知识训练智力的价值，培养学生的创新意识和创新思维能力。同时，既能充分发挥教师的主导作用，也更加增强学生的主体参与意识，激发学生探索知识的求知欲，使他们乐学、善学。

2. 优化教学过程，发展学生思维

教学过程是教师和学生的共同活动。教学中，让学生动手操作，不仅扩展了数学教学直观手段的内涵与外延，而且有助于调动多种感官、多种心理因素的优势形成合力，可将抽象的问题具体化，加深学生对抽象数学知识的理解，从而有效地调和数学知识的抽象性与儿童思维形象性之间的矛盾。

3. 提高学生各方面的能力

动手操作的目的在于学生通过操作去获取知识，在操作过程中，让学生手、口、脑、眼、耳等多种感官并用，协同作战，从中品尝"学习的成功"，体验"克服困难的喜悦"，从而主动地参与过程，掌握学习方法，同时也能使学生的动手实践能力、思维分析能力、语言表达能力和创造能力都得到提高。

二、小学数学操作实践教学的一般步骤

动手操作是一种手段，其最终目的在于帮助学生在活动中发展思维。新《课程标准》强调注重学生的思维过程，要让学生学会暴露学习的思维过程。动手操作与发展思维之间的桥梁需要教师去搭建，在课堂教学中，教师如何通过让学生动手操作来发展数学思维很值得我们研究。开展小学数学操作实践教学一般分为以下五个基本环节。

1. 创设问题情境，提出探究问题

教师通过用多媒体、讲故事或复习旧知识等形式引入学生生活中的实际问题，为学生创设需要探究解决的问题情景，使学生形成问题意识，提出需要解决的问题，并产生要解决这一问题的激情愿望。

2. 寻找解决问题的方法，做出操作实践准备

引出需要探究解决的问题后，教师要启发引导学生寻找解决问题的方法，并做出初步的猜想、判断。再引导学生用操作来实践、验证自己的猜想判断。在此过程中，教师可通过多媒体演示或实物展示讲解等方法，引导学生把要解决问题中的实际物体先想象为图形，然后

就可以用这些图形代替实际物体来思考分析，为操作实践自己的猜想判断做好准备。这一过程既是寻求解决问题的方法，也是为操作实践做思想认识准备和学具操作准备。

3. 动手操作实践，感知发现知识规律

学生把问题中的实际物体用图形表示出来后，就可以根据要解决问题的实际情况，进行动手模拟操作实践。学生在动手操作实践中，手脑并用，产生实践经验，发现知识规律，得出初步的概念理解和规律猜想；学生再通过进一步的操作验证，就可以形成正确结论，从而达到自主探究学习的目的。

由此可见，这一过程是操作实践教学的核心，是整堂课的重点。在这一操作实践过程中，教师决不能急于求成，不能过多引导，要让学生充分地思考和反复地实践。从而获得感性认识和理性认识，形成初步的知识结论。

4. 教师引导归纳总结，形成知识结论

在学生通过自主操作实践后，教师把学生的操作实践过程再快速连贯地重演一遍，让学生加深认识理解，进一步认识发现规律，形成确信的知识结论。

这一过程具有三个功能：一是对学生的新知识的认识形成过程做回顾总结，使学生加深认识理解；二是对学生的操作研究，即好的起强化鼓励作用，差的起指导启迪作用；三是让学生对自己的探索研究过程和结论找到评价标准，对自己的研究水平做出评价。

5. 巩固练习，应用拓展

通过上面的操作实践学习，学生已形成初步的知识结论。教师可让学生用操作研究学到的知识规律解答课本习题或学生生活中的实际问题。在这一过程中，学生可以根据自己对新知识的认识理解情况，采用具体操作、思维想象操作或运用得到的规律直接用操作表达式的方法进行计算、表达。教师可根据学生对课本知识的掌握情况进行个别指导和方法建议。对学生的习题作订正或评价；对学生的作业量和方法选择要根据学生实际情况作不同要求。

以上小学数学操作实践教学的五个课堂教学基本步骤，是研究性学习一般所需要的方法步骤，但它不是固定不变的模式。操作实践教学的方法步骤要根据教学内容需要和学生实际学习情况灵活掌握运用。只要能在教学中充分调动学生的自觉学习积极性，能充分发挥学生的创造才能，使教学达到最佳效果，具体的方法和步骤都是可以改变的。

三、小学数学操作实践教学的基本特征

从小学数学操作实践教学的课堂结构中可以看出，小学数学操作实践教学具有以下几个主要特点。

第一，小学数学操作实践教学以学生的自主动手操作学习为主，教师的演示讲解为辅，能激发学生兴趣，充分调动学生自觉学习的积极性。在操作实践教学中，一些概念、法则和规律的产生与发现，学生都是从动手操作实践学习中认识获得的。数学计算是操作计算（即操作实践）的一种数学符号表达式，是操作计算的一种抽象简化形式。它的计算法则、规律都是由操作计算得来的。

如20以内的进位加法，主要是运用"凑十法"来计算的。教学中教师要进行有序实物演示，再让学生模仿老师操作进行"凑十"，然后让学生想操作过程。

案例：9加4的进位加法，教学程序分三步。

第一步操作：先拿出9个皮球，放在盒子里，再拿出4个皮球放在盒子外面，问：现在把9个皮球和4个皮球合起来，怎样计算呢？

第二步问：盒子里面已有9个皮球，再添上几个皮球就刚好成一盒10个？（再添3个）。操作：把盒子外面的4个皮球分成1个和3个。

第三步操作：拿起盒子外面1个皮球放在盒内（学生说：9+1＝10），老师再用手势表示盒内10个皮球与盒外3个皮球合并（学生说10+3＝13）。

这样教学，体现了简单的直观综合能力的培养，边操作、边思考，用操作促进思维，用思维指挥操作，所以操作活动要精心设计操作程序，要做到有条有理。操作实践教学以学生的自主动手操作学习为主，教师的演示讲解为辅，充分调动了学生自觉学习的积极性。

第二，小学数学操作实践教学让学生的"探"在前，教师的"导"在后，注重的是知识获得过程和方法，注重的是探究能力培养。

其最大特点是课堂教学中，先让学生自主操作研究学习，使他们初步发现知识规律，然后再通过教师的教具演示评价指导，使学生进一步认识并掌握知识规律。操作实践教学法在学习数学知识方面可能不如讲授法或其他教学法学得快，但它比讲授法使学生理解得深刻，记得牢固。操作实践教学法把知识形成过程作为教学重点，而把数学知识的获得作为培养探究实践能力过程中的载体、产物。

第三，小学数学操作实践教学从具体操作中学习抽象知识，具有方法的灵活性、错误的矫正性。操作实践教学法因为是学生通过看得见、摸得着的学具操作学得知识，使抽象学习变成具体学习。

例如：教学长方体的面积一节时，在演示长方体表面积的操作过程中，有的学生是把表面积整体展开，得到一个组合的平面图形，然后分析推导求长方体表面积的方法；有的学生把三组相对的面逐次撕下来，贴在黑板上，然后分析推导求长方体表面积的方法。但以上这些操作方法不够妥当，因为无论是认识长方体表面积的概念，还是探索长方体表面积的计算方法，都必须凭借三维空间才能实现。在分析探索长方体前后两个面的面积和左右两个面的面积的方法时，必须让学生直观地看出，求这 4 个面的面积是用"长×宽×2"和"宽×高×2"。但如果离开"体"的形象，把两组对面放在一个平面上考察、研究，学生往往会误认为求这两组对面的面积就是"长×宽×2"。由此可见，用展开法的操作方法探求长方体表面积的方法是不恰当的，也是不可取的。在演示长方体表面积的操作活动前，应制作活动教具（可逐次展开相对的两个面，且可马上复原）。操作时，凭借"体"的形象，用动态演示，突出感知对象，把一组对面先展开，展开时这组对面仍不离开"体"，学生看清楚后，马上把这组对面复合到"体"上。

因此，它可以让学生根据自己的情况选择方法进行操作实践，可以自己认识到错误，从错误中寻找正确方法。所以它具有方法的灵活性、错误的矫正性。

第四，小学数学操作实践教学理论联系实际，把学习生活化、实践化。能充分体现学生为主体、教师为主导的教学要求。学生在实际动手操作中，可以把学具的图片和卡片想象为生活中的具体实物，把它的操作和具体实物的操作联系起来，从而把具体实物间的数量关系转化为数学计算，使学生的课堂学习和实际问题联系在一起。

例如：比较等底等高的圆柱与圆锥体的操作活动。① 制作等底等高的无色透明圆柱、圆锥教具各一个。然后用红色圈把圆柱等分成三截；② 在圆柱中盛满蓝颜色的水；③ 将水分三次倒进圆柱。第一次，使圆柱中的水面刚好到第一道红色圈；第二次，使圆柱中的水面刚好到第二道红色圈；第三次，刚好倒满。这样操作，由于红、蓝的对比明显，感知对象突出，学生就能直观、清楚地看出：圆锥体积是等底等高的圆柱体积的三分之一。学生在教师的指导下，能根据自己的选择，积极地动手操作学习，这就充分体现了学生为主体、教师为主导的教学要求。

第五，小学数学操作实践教学以研究性学习为主，能培养学生探索研究能力，发挥、发展学生的创新精神。操作实践教学法主要是学生通过对学具的操作进行学习，学生在学习中可以自主地进行操作实践和正误检验。因此，应用操作实践教学法可以较好地进行研究性教学，培养学生探索研究能力，发挥、发展学生的创造精神。

四、小学数学操作实践教学存在的问题

动手操作模式从属于主体性学习的教学模式。学生认知水平的高低、操作能力的强弱等因素，都会对操作结果产生直接的影响。如何做到操作有效，避免低效和无效？教师如何根据教学中学生的心理活动特点来设计问题情景与操作内容，使学生在教师创设的问题情景与教师提供的定向指导中，通过动手操作学具探究数学问题，从而了解知识的形成过程？课堂上的时间是有限的，在开展操作活动中，学生的一些不良习惯会浪费掉很多时间，直接影响操作的进程和结果。教师在课堂教学中如何放手让学生操作？对动手操作运用的次数、时机、时间长短如何进行合理灵活的处理？使操作不流于形式，让操作与思维联系起来，让新知识在学生的操作中产生，这些都是我们期待解决的一些问题。

根据皮亚杰的儿童心理学研究，刚入学的儿童思维方式刚从具体思维时期进入形象思维时期，因此，刚入学的儿童适宜在实践活动中学习。另外，儿童天真好奇，喜欢问为什么，喜欢自己摆弄东西，天生有探索性学习的需求。尽管操作实践在空间、时间、学生水品差异等方面存在着一些问题，但瑕不掩瑜，操作实践教学法可以在教师的指导帮助下满足和发展儿童的这一探索性学习需要，使儿童从一入学学习就进入研究性学习情景，进行自主探索研究性学习，从而为儿童的探究性学习打下一个良好的基础。

（本文获 2015 年省教海探航三等奖）

构建带有地方名片的"书法第三课堂"
——江科大附小高年段书法主题性探究活动初探

江苏科技大学附属小学　王燕

随着书法课程纳入国家课程计划并全面开始实施后，构建校本化的书法课程，让书法教学落地生根，培养学生对经典文化的热爱和传承之情，成为我们基础教育工作者的重点任务。

在学校构架的童子功书法课程中，主题性探究课程群有利于帮助学生积累书法知识，形成书法技能，养成书法习惯，感受表现书法之美，传承经典文化。

我们主题性探究课程项目组的教师将目光聚焦到生活的这座城市——镇江，她精致古朴，灵动自然。她坐拥"城市山林"南山、"江心芙蓉"金山、"江中浮玉"焦山、"京口第一山"的北固山四颗璀璨的明珠。这些熠熠生辉的旅游景点蕴藏着丰厚的书法资源，展现着传统艺术的无限张力，散发着浓郁的墨香气息。课程组教师在学校书法课程的实施中择高而居，择宽而行，尝试将各大公园内的书法碑刻拓印作品引入我们的书法课程中，借助于活动不断充实和丰盈行走中的课程。

实践活动之一：走进书法公园，探秘米芾其人

米芾，宋代著名的书法家，与苏东坡、黄庭坚、蔡襄并称宋代四大书法家，在他 56 年的人生历程中，有近三分之二的时间在镇江度过，卒亦葬于此地。全国唯一一座以书法家名字命名的公园——中国米芾书

法公园坐落在十里长山东南端，为整座城市烙上了书法的印记。

【活动预期目标】

和高年级学生一同走进米芾书法公园，开展"走进书法公园，探秘米芾其人"综合实践活动；激发学生学习书法的兴趣，欣赏书法作品，初步感知米芾书法作品特色，逐渐产生对书法家的尊崇之情，选择性地临写其作品。

【活动具体流程】

1. 搜集兴趣话题，归类重点板块，形成活动菜单

活动之前，课程组老师根据学生对本次活动的期许，以及学生的年龄特点，设计自主探究话题，让同学们自主选择，形成探究小组，进行前期准备。

"走进书法公园，探秘米芾其人"综合实践活动课程

探究板块	搜集资料（图片文字）	得出结论
米芾与镇江		
米芾之趣闻		
米芾与朋友		
米芾作品及风格		
米芾的成就		

2. 简介园内布局，分组合作探究，得出初步结论

师生一起走进书法公园，园内导游简要介绍公园"一轴四景""一廊九馆"的格局，指明各馆大致方位，景点主题特色，与研究板块之间的联系。学生们无暇欣赏园内的旖旎风光，携手小组成员直奔园内"瑞墨轩法帖石刻廊""绍兴米帖馆""新刻丹徒米帖馆""群英堂"等景点，或摘录，或拍照，或交流，或请教，或记录，不断搜集相关资料，为得出结论奔走忙碌。在规定的两个小时内，小组成员多次思维碰撞，进行信息删减增补，初步得出结论。

3. 遴选问题板块，深入书法课堂，兼得知识技法

本着指导学生发现问题、解决问题的意识，教师发现"米芾的作品及风格"研究板块，学生只能寻找到米芾的作品，但是对于其创作风格还是一片模糊；抓住园内"米芾书法小课堂"互动活动，递交问

题，请客座专家支招。专家在米芾作品中只选择了行书、楷书两大书体，进行简要对比，从极具特色的笔画、汉字入手，分析其书法特色。从代表作品的欣赏中，让学生初步了解米字的奔放豪迈、跌宕迅疾的特色。专家边讲边书，学生边听边习。讲者兴趣盎然，意气风发，学者意犹未尽，收获点滴。

4. 形成书面结论，制作播放PPT，开展汇报活动

米芾书法公园实地活动后，探究小组成员合作完成了书面结论，为了在分享活动中更具有说服力，学生们将照片、作品等制作成PPT，以直观形象代替空洞的解说。汇报分享时，我们发现学生们的表现真是可圈可点，让人欣喜。在介绍"米芾的成就"这一内容时，探究小组将米芾的成就分成了三块：书法成就、绘画成就、为人成就。其中仅书法成就，学生们就很好地运用书法公园里的御碑亭中乾隆皇帝的评价作最有力的证实，并引用宋高宗赵构的赞誉进行补充；再通过朋友苏东坡及后人对其的褒奖做进一步肯定。他们不忘从宋代以后的受米芾影响至深的书法家中寻找更加充分的例证。三者结合，米芾的书法成就自然彰显，听者对米芾的敬仰赞叹之情自然而生，对探求其人其事自然饶有兴趣。

【活动反思】

主题项目化探究活动改变了传统的课程印象，多学科的知识融合让书法课程从学校延伸至校外，从单一变得丰富而容量巨大。其中，融合了书法、信息技术、美术、语文等课程内容，让学生的综合素养得到发展。

本次活动立足于儿童视角和学生发展，学生在探究前自主选择话题参与其中，充分调动了学生的积极性和参与度。在行走中小组合作，人人有任务，个个乐分享，增强了团队合作意识和效率。在小组汇报分享成果环节中的代表发言，表现了团队的实力和自信。

实践活动之二：争做碑林小导游，学习拓印收获多

镇江焦山宛如一颗明珠镶嵌在碧波万顷的长江之上，乘船过江，穿过山门、定慧寺，在银杏树掩映下的碑林（宝墨轩）露出她质朴秀丽的容颜。穿行于展厅内、回廊间，游人欣赏着历代四百方碑刻作品，无不涌动着对书法传统艺术的赞叹。焦山西麓沿江一线，崖壁上

刻满历代游人的诗文、题字、留名，气势磅礴，令人叹为观止。

【活动预期目标】

走进焦山碑林，开展"争做碑林小导游，学习拓印收获多"活动，让学生追寻碑林变迁的脚步，讲述历史的印迹；搜集它曾经发生的事情，演绎精彩的故事；识读它的文字，表现书者的高尚品行和刚正气节；动手练习拓印，了解过程的神奇有趣。小导游们的讲解引发了大家对书法的兴趣，引发对历史的尊重，饱含对家乡的热爱，同学们在练习拓印中感叹拓印悠久的历史，承载着书法文化发展的重大使命。

【活动具体流程】

一、搜集素材，绘制导览图

为了弘扬传统文化，宣传地方旅游资源，学校组织高年级同学积极参与到"争做碑林小导游"的活动中来。活动前期，分好小组，师生多次去碑林实地搜集素材，上网查找资料，请教园区讲解员。各小组同学在众多碑帖中选取感兴趣的内容，绘制出游览线路和讲解要点。很是凑巧，大家不约而同地选择了经典碑帖《兰亭》《魏法师碑》《瘗鹤铭》等，因此，游览线路相差无几。

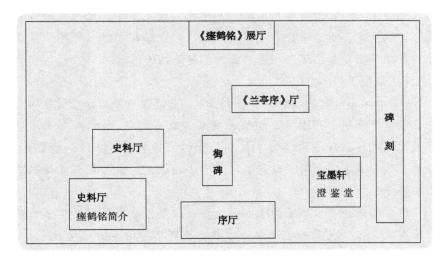

二、取舍资料，编写导游词

大家根据导览图对前期准备的众多资料进行增补和删除，确定了需要使用的资料。小组成员经过"改写—试说—再定"的步骤，将书面文字转化成适合讲述的口头语言。

三、模拟场景，实力大比拼

学校为选手们搭建了展示的平台，聘请了家长、教师、学生代表为评委，在综合实践课中开展了"说焦山碑林，做金牌导游"活动。多组代表为解说词配上了图片，配上了音乐，图文并茂，音画交汇，听众们仿佛行走在碑林景区，接受着书法文化的熏陶。最终，三名选手荣获"金牌小导游"的光荣称号。

四、实地演练，受聘活动基地

适逢一年一度去焦山游览的春游活动，学校安排金牌小导游实战练习，为高年级学生进行了现场解说。焦山碑林景区工作人员很感兴趣，欢迎小导游们在节假日来园区担任义务讲解员，同学们充分体会到被认同的快感。

五、小小导游，尝试专业拓印

焦山碑刻博物馆开设专门的拓印教学实践课程，工作人员邀请三名金牌小导游参与活动。在专家的指点下，学生们先清洗石碑，接着裁宣纸、上白芨水、覆盖，然后刷少量墨汁于棕刷上，握棕刷轻轻敲打，使图文凹入，最后取下宣纸，一张拓片便完成了。试验者小心翼翼，专注实践，观看者饶有趣味，跃跃欲试。在拓印时，同学们认识了拓印的工具，了解了拓印的过程，掌握了拓印的方法。

【活动反思】

《中小学书法教育指导纲要》指出："重视课内外结合。引导学生在生活中学书法、用书法，积极开展书法教育实践活动。"本次活动通过比赛展示、实践操作的方式为大家创设了学习书法知识的氛围，开辟了学习书法的空间，改变了学习书法的模式，让学生真正站在了书法课堂的中央。

科学智慧地运用丰富的地方书法资源，是构建实施书法童子功课程的有效途径，也是落实《中小学书法教育指导纲要》的重要举措。我校正行走在构建书法童子功课程的路上，我们将继续开发地方书法资源，打造带有地方名片的书法"第三课堂"。

第四章　阳光创客活动——真实情景下的实践体验

◇ 第一节 "儿童化、项目化、本土化"——建构小创客综合实践活动的框架

2017 年 10 月，教育部发布了《中小学综合实践活动课程指导纲要》（以下简称《纲要》）。《纲要》将综合实践活动的学习目标分为价值体认、责任担当、问题解决、创意物化等方面，例举了考察探究、社会服务、设计制作和职业体验等四种基本活动形态。其中，第一次提出了"创意物化"和"设计制作"。《纲要》还要求明确三年级以上要一周两节课，鼓励"有条件的学校可以建设专用活动室或实践基地，如创客空间等"。国家通过《纲要》的形式将创客课程与综合实践活动紧紧联系。两种课程既有不同，也有交叉。两个课程如何融合？我们进行了综合实践活动与阳光创客课程的整合性实践。

综合实践活动课程从学生的真实生活和发展需要出发，从生活情境中发现问题，将其转化为活动主题，通过探究、服务、制作、体验等方式，培养学生综合素质。在此过程中与生产劳动、社会实践相结合，引导学生深入理解和践行社会主义核心价值观，充分发挥了中小学综合实践活动课程立德树人的重要作用。综合实践活动课程呈现三个特性：第一是重要性。上面已述。第二是特殊性。从课程内容来看，跨学科，要求综合运用各学科知识分析、解决现实问题；从学习方式来看，实践性是新型课程形态，不再是单纯的课堂教学，这门课程要求通过探究、服务、制作、体验等方式进行学习，尊重学生的自主选择与创造，真正让学生"活"起来，"做"出作品；从课程的空间来看，更多的是在课堂以外的领域，与非正式学习联系得更为紧密。第三是挑战性。课程目标、课程实施对于大多数学校来看认知程度不高；教学内容以学校开发为主，基层学校缺乏课程开发建构能力，也缺乏学科实践经验；教师培训尚不到位，专业教师队伍未建成，兼职教师比例大，对课程的把握缺乏专业的经验与知识技能。

2019 年，某市教研部门对辖市区内义务教育的学校进行了课程调研，调研分为两个层次：第一，对辖区 466 名学生、238 名教师进行了

问卷调查，通过问卷了解学校课程的实施方式及教师课程认知。第二，对综合实践活动课程的认知、学校的课程规划和实施管理对 14 名校长、若干行政人员进行了访谈，通过校长或行政访谈了解学校课程规划及管理情况。第三，在问卷的班级，选择课程实施中的一个主题，对 2 组学生活动的过程性材料进行分析，通过对学生活动过程性档案的分析，了解常态活动的开展和学生能力的达成情况，具体见表 1 至表 4。

表 1　综合实践活动课程安排情况

区域	学生课时填写正确率		说明
	两课时	一课时	
区域 1	0%	96.6%	多所学校将两课时缩水成一课时
区域 2	100%		
区域 3		19.5%	某校的课表上未见综合实践活动课，82.5%学生将校本课程当作综合实践课程； 某校的课表上只有一节实践课，填写正确率 19.5%
区域 4	课表上未见综合实践活动的准确的课程名称		某校 66%的学生将班会当成综合实践，34%的学生将综合英语当成综合实践； 某校 43.3%的学生将探究性课程作为综合实践课
区域 5	66.7%	33.3%	某校课时缩水成一课时
区域 6	课表上未见综合实践活动的准确的课程名称		某校 100%学生将校本课程课当成综合实践课； 某校 97%的学生认为周一、周二上综合实践活动课，但课表上并未显示
区域 7	90.9%		某校将综合实践两课时设置为综合实践一课时，项目实践一课时； 某校课表上每周三课时，多开设了一课时

表 2　教师对课程安排的知晓率

区域	任课教师应上周时数	实际统计周课时数	缩水课时及缩水率
区域 1	74 课时	47 课时	27 课时，36.5%
区域 2	55 课时	51 课时	4 课时，7.3%
区域 3	45 课时	29 课时	16 课时，35.5%

区域	任课教师应上周时数	实际统计周课时数	缩水课时及缩水率
区域 4	80 课时	66 课时	14 课时，17.5%
区域 5	102 课时	117 课时	多出 15 课时
区域 6	66 课时	86.5 课时	多出 20.5 课时
区域 7	76 课时	72 课时	4 课时，5.3%

表3　课程性质、课程目标、活动方式认知程度

区域	课程性质	课程目标	活动方式
	正确率	正确率	正确率
区域 1	40.4%	42.6%	12.8%
区域 2	34.4%	68.8%	71.9%
区域 3	27.6%	34.5%	65.5%
区域 4	40.5%	14.3%	28.6%
区域 5	89.7%	69.2%	92.3%
区域 6	37.5%	10.0%	30.0%
区域 7	44.7%	65.8%	31.6%
区域平均	51.2%	47.9%	50.4%

表4　学科关键能力

区域	完全不知道	知道2-3个	知道4个及以上	全部都知道	合格率
区域 1	14.9%	34.1%	2.1%	最多答对 5 个，占 2.1%	2.1%
区域 2	12.5%	21.9%	65.6%	34.4%	59.4%
区域 3	27.6%	27.6%		最多答对 4 个，占 3.4%	0%
区域 4	0%	61.9%	13.3%	答对 3 个，占 2.4%	7.2%
区域 5	0%	35.9%	64.1%	最多答对 6 个，占 15.4%	53.8%
区域 6	0%	30.0%	67.5%	最多答对 7 个，占 22.5%	62.5%
区域 7	13.2%	15.8%	21.0%	最多答对 7 个，占 7.9%	13.2%
区域平均					31.1%

以上调研和分析来自该市教科研中心的学科调研反馈会。

调研反映出以下问题：

（1）学校对综合实践课程缺乏校本化顶层设计。大部分学校将点状的活动拼凑成综合实践课程，用学校的德育活动、项目提升工程、研学活动、信息技术、劳动技术去替代综合实践活动课程；缺乏对课程的校本思考，学校的课程规划是散点式、活动式，甚至是拼盘式的，使得课程内容不完整，课程应达成的目标不具体，体系不完善。对年级和班级的课程实施不具有指导性。

（2）学校课程实施的随意性较强。大部分学校综合实践活动课程的实施不规范，主要表现在：① 活动主题随意；② 课时安排混乱；③ 实施方式单一；④ 过程性材料缺乏。

（3）教师课程认知程度不高。只有50%的行政人员对综合实践课程的性质、目标和活动方式有了解，没有一位老师能完整清晰地知晓综合实践应达成的八大关键能力，被调研学校任课教师学科关键能力的认知合格率仅为31.1%，且区域间、学校之间的发展很不平衡。

一、课程建构：纳入阳光创客课程体系整体建构

区域落实与实施综合实践课程产生的问题，同样也是学校的问题。针对现状，我们站在儿童立场，关注学生需求，将综合实践活动课程纳入学校阳光创客特色文化课程体系，发挥学校优势、开发地方资源，进行了国家课程校本化再造（图1）。在项目化实施、课程评价与课程管理上进行校本化实践，探索适合有效的行动路径。具体来说，有三个建设思路。

1. 儿童化

从儿童的需求出发，从学生的真实生活和发展需要出发，从"爱玩"的天性出发，以"玩"的不同形式（做、造、创）激发兴趣，选择活动主题；主动参与并亲身经历实践过程；以儿童为主；尊重学生的自主选择，让学生担任问题方案的设计者，参与活动方案的制订过程，提升规划能力；引导学生通过合理的时间安排、责任分工、实施方法和路径选择，在实施过程中，教师提供工具的支

撑，以及支持、协调、个性化指导。制订符合课程特质和儿童特点的评价方式。

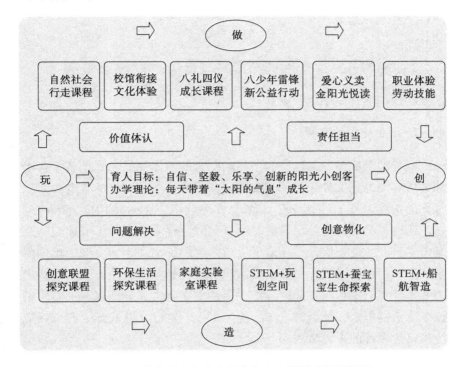

图 1 江科大附小阳光小创客综合实践活动课程框架

2. 项目化

在阳光小创客课程的体系中，以一个问题或一类问题的探究为主题，结合跨学科的课程特质，涵盖正式学习和非正式学习的课程空间，设置真实情境，设计行动计划，制定评价量表，搭建展示平台，引导学生综合地运用知识和技能解决问题。

3. 本土化

凸显阳光创客课程的自信、坚毅、乐享、创新的核心素养，着眼于学生的学习方式的转变，培养创新精神和实践能力。课程结合学校特色和地方资源，通过八少年雷锋班、小橘灯志愿者、小创客课程、社会实践、家校融合、金阳光悦读等已实践成熟的系列性活动，增强学生探究和创新意识，学习科学研究的方法，发展综合运用知识的能力，增进学校与社会的密切联系，培养学生的社会责任感，促进学生综合素养的提升。

二、课程开发：尊重儿童的需求项目化，整合开发资源

在课程的开发中应关注三点。

1. 项目化建构课程

素养的形成是一个动态的、不断整合的整体性概念，是基于行动和情境导向的相关知识、认知技能、态度价值观和情绪的集合体。项目化的构建课程能够让学生在综合性的情境中综合运用能力解决问题，达成提升素养的建设目标。项目化的课程来源于两个方面：一是基于学科的主题延展，一是基于生活的主题统整。让学生经历典型的学科实践过程，增强程序和模型意识，形成相应的思维方式、实践能力和责任担当意识。在此过程中，要注重学生的实际需求——学生们改变生活的想法，他们对未知的探索，他们对已知的验证，都可以成为项目化课程的重要组成部分。

2. 本土化资源的深度开发

《纲要》列举的内容广泛，学校不缺内容，而是要选择有效的内容。同时，儿童本身发展就具有差异性，每个学校地域环境、资源、学校文化都不尽相同。我校充分融合已有课程，发挥学校高校资源，注重开发地方文化，整合、删减、增设，形成"身边"的课程内容。

3. 注重递进与序列

内容选择好了以后，根据不同年龄段的年龄特征，设计主题活动，每个阶段都设置相应的目标，使活动内容具有递进性。通过课程规划，促使综合实践活动的内容深度发展，活动主题纵深排列，不断丰富活动内容、拓展活动范围，促进学生综合素质的持续发展，构建科学合理的活动主题序列。

三、课程实施：引导体验参与，注重设计迭代

综合实践活动关键在综合，要运用到各学科知识；综合实践活动的空间同时涵盖了正式学习与非正式学习。学校根据儿童的特性，从孩子最喜欢的"玩"出发，学生由"玩"开始"做"，在"做"中进行有价值的"造"，在"造"中产生有意义的"创"。运用这样符合儿童学习的行动轨迹，在整体性的项目化运作中，设置真实的情境，引导学生发现挑战性的问题，让学生根据问题寻找和设计解决的方法，鼓励学生主动运用各门学科知识分析解决实际问题，使学科知识在综合实践活动中得到延伸、综合、重组与提升。在设计过程中，特别注意引导学生在合作的基础上对原方案进行改进，引导学生不断反思提升，自我更新迭代。

四、课程评价：关注过程多元评价，倡导成果展示与乐享

我校综合实践活动采用的以成果展示的形式进行评价，与综合实践活动课程的特点相吻合。在评价探索的过程中，紧紧围绕阳光文化建设的核心，围绕育人目标及课程与其达成的关键能力制订培养目标。力求做到：评价方式数字化，利用数字化平台对师生发展进行综合评价；评价结果过程化，注重运用项目组成长档案的方式记录学生成长的足迹。并设置 5 个达标徽章，从不同方面激励学生，评价方式多样化。

小创客能力大闯关是我校贯穿整个学校家庭生活的综合课程实践活动（表 5）。寒暑假是读书、探究、运动、公益、劳动五项闯关，上学期间是探究能力和项目化课程的能力闯关。分年龄段对孩子的动手能力、创新能力进行评价。每年一度的"小创客嘉年华"则通过搭建舞台进行综合能力展示。评价对象多元化。评价的对象除了老师、家长，我们还设置了同伴互评、专家导评、网上共评等多种形式，多元评价充分发现师生的特质，为师生成长提供科学的支撑。

表 5　阳光小创客综合实践活动内容

方式／学段	价值体认	责任担当	问题解决	创意物化
1~2 年级	1. 校馆衔接 镇江博物馆 镇江市民间艺术馆 镇江市城市规划馆 2. 行走的课程 镇江金山公园 镇江焦山公园	1. 生活自理我能行 会洗袜子、系鞋带；按学习需要准备学习用品，归类收纳学习用品，及时整理书包。 2. 争当集体劳动小能手 搞好（班级）公共卫生。 3. 爱心义卖行动 收集闲置的书籍、学习用品、玩具、手工艺品等物品，策划与组织爱心义卖活动，并在教师建议下，合理使用义卖收入；提高爱心助人、团结合作的思想和意识，增强活动策划与设计能力，初步树立"循环经济""绿色生活"的环保意识。	1. 家庭实验室 水培绿萝与贝壳软体动物共生 观察砂糖橘树生长 水培碗莲 2. 创意联盟 孩子们爱读的绘本故事 爱护自己的牙齿	1. 一年级 STEM 课程 自制洗发水 认识螺旋桨——飞天螺旋 磁铁的特征——磁悬浮笔芯 认识电路——制作小台灯 声音的传播——我的听诊器 燃烧的秘密——迷你灭火器 光的反射——抽拉万花筒 2. 二年级 STEM 课程 视觉错觉——黑猫警长 凸透镜成像——照相机 电路的通断——穿越警戒线 认识惯性——制作螺旋秋千 神奇的科学魔术 声音的变化——五弦琴 集成电路——音乐贺卡 3. "蚕宝宝"探秘大讨论 "蚕宝宝"探秘思维导图 绘制思维导图

方式　　学段	价值体认	责任担当	问题解决	创意物化
3～4年级	1. 校馆衔接 镇江市醋文化博物馆 江苏科技大学船舶馆 江苏科技大学蚕业研究所 2. 行走的课程 带着问题去春游（秋游） 镇江北固山公园 镇江南山风景区	1. 八少年雷锋班、小橘灯志愿者 寻访身边的"小雷锋"，总结分析他们的事迹；根据自身情况，设计自己（小组）的学雷锋行动计划，并开展实际行动，初步树立热心公益劳动、乐于助人的道德品质。 2. 爱心义卖行动 收集闲置的书籍、玩具、学习用品、手工艺品等物品，策划与组织爱心义卖活动，并在教师建议下，合理使用义卖收入；提高爱心助人、团结合作的思想和意识，增强活动策划与设计能力，初步树立"循环经济""绿色生活"的环保意识。	1. 家庭实验室 风动船模 会吸水的杯子 水的密度与浮力 2. 创意联盟 我是蚕茧工程师 数学王国的奥秘	1. 三年级STEM课程 电流——炫彩电灯笼 认识简单机械——滑轮组 电生磁——电磁铁 热气流的升力——走马灯 直升机的动力装置——皮筋直升机 静电——静电飞雪屋 反冲运动——喷气飞车 2. 认识蚕宝宝的食物——桑树 桑树的种类 桑树的分布 制作一枚桑叶标本 3. 船航智造 趣味风车

方式 学段	价值体认	责任担当	问题解决	创意物化
5～6年级	1. 校馆衔接 镇江市新四军纪念馆 赛珍珠纪念馆 2. 行走同题去春游（秋游） 镇江市茶场 镇江市米芾公园 镇江市宜园	1. 八少年雷锋班、小橘灯志愿者 寻访身边的"小雷锋"，总结分析他们的事迹；根据自身情况，设计自己（小组）的学雷锋行动计划，并开展实际行动，初步树立热心公益劳动、乐于助人的道德品质。 2. 爱心义卖行动 收集闲置的书籍、学习用品、玩具，手工艺品等物品，并在教师建议下，合理使用义卖收入，提高爱心组织爱心义卖活动，增强团结合作的思想和意识，初步树立"循环经济""绿色生活"的环保意识。	1. 创意联盟 非遗文化系列课程书（剪纸、泥塑、中国结等） 2. 安全活动系列课程	1. 蚕桑文化与一带一路 中国文明的起点：蚕桑文化 伟大的变革：一带一路 一起走一走丝绸之路（拼图） 跟着蚕宝宝走一带一路（跳棋） 2. 我是环保小卫士 城市水污染的调查和研究 学会垃圾分类 3. 航航智造 轮世界 船世界

五、课程管理：注重培训，加强教师合作文化的生成

首先，综合实践活动的落实，现阶段还有很多现实问题。如专职教师无法保障，教师对综合实践课程的认识有偏差，教学内容范围不清，缺少恰当的教学方法等。合作文化的生成是发展综合实践活动教师教学能力的关键，学校成立专项的领导小组，从分管的行政开始到每一个教师，进行了多层次、多轮次专项培训。同时，学校与名师工作室、学校 STEM+项目部整合，相辅相成，成立项目课程组：如，银杏文化探索、玩创空间、家庭实验室、青花瓷创意工坊、蚕宝宝生命探索、非遗文化体验、创想舞台等项目组。项目组以特定的项目、活动紧密联结在一起，构成具有整体效应的课程实践、课题研究、开发团队。这样超越不同知识体系而以关注共同要素的方式来安排研究和实践，减少了知识的分割和学科间的隔离，不同知识体系的教师个体统一联结起来，共同围绕一个项目开展工作，形成教师合作文化，有益于综合实践活动项目的开发。蚕宝宝生命探索、银杏文化探索、家庭实验室三个项目组在专家的引导下，通过大量的实践，编辑出版了三本 STEM+综合实践校本教材。项目组、课题组的研究实践加大课程的成果积淀，生成有实践意义的建设成果。

其次，通过综合实践课集体备课提升教师对综合实践活动过程的管理能力。学校对教学综合实践活动课的教师进行集体备课，通过具体案例，提升教师的综合实践课程指导能力，引领教师明确学生在综合实践活动中的主体地位，引导教师在关键节点上的指导方法和要领。在活动准备阶段，充分结合学生的经验，鼓励学生提出感兴趣的问题，为学生提供活动主题选择，引导学生构思选题；在制订解决问题的方案中，要及时捕捉活动中学生动态生成的问题，组织学生就问题展开讨论。让学生担任问题方案的设计者，参与活动方案的制订过程，提升规划能力；在实施过程中，教师要引导学生通过合理的时间安排、责任分工、实施方法和路径选择，让综合实践活动课程化运转，要提升阶段性的评价，引导学生自我完善。注重发挥阳光创意导师的作用，对学生的成果进行可行性评估等，搭建交流的空间，引导学生乐享成果。

小创客综合实践活动原则与过程管理

为了切实提高该综合活动课程的实施，使学生的个性特长得到充分、协调、健康的发展，为学生的成长奠定基础，制定了以下管理办法。

1. 明确内容。根据儿童学段发展规律，方案明确各年龄目标和实践内容：根据《小学综合实践活动成长手册》的要求，对各年级的活动内容进行甄选，形成我校的创客文化综合活动课程目录。

2. 全员参与。各年级学生全员参与，以班级项目组为单位，开展相关主题的综合实践活动。

3. 保证时间。每周一次，指导学生开展活动。

4. 指定教师。由综合实践老师主负责，各班班主任及副班主任协调合作，指导学生做好活动前的准备、活动的具体实施及活动后的总结、反馈。

小创客综合实践活动验收的评价方法

1. 各年级组围绕本年级的活动主题，精心备好活动课，结合地方资源综合开发校本化课程。

2. 建立档案袋。在活动过程中，教师要指导学生分类整理、遴选具有代表性的重要活动记录、典型事实材料及其他有关资料，编排、汇总、归档，形成每一个学生的综合实践活动档案袋，并纳入学生综合素质档案。

3. 开展科学评价。每学期末，教师要依据课程目标和档案袋，结合平时对学生活动情况的观察，对学生综合素质发展水平进行科学分析，写出有关综合实践活动情况的评语，引导学生扬长避短，明确努力方向。

4. 每个年级搜集完成一套有主题内容丰富的优秀学生研究性调查报告。

5. 学期结束，以年级组为单位组织一系列的成果展示。教导处、德育处在阳光小创客综合活动课程的实施过程中，组织有关人员进行督促检查，并进行评比，表彰先进。

◇ 第二节 “行走的课程”——行进中的研究

在现有的课程体系下，普通的学校抽出大量自由时间来实施活动性的课程，尚不现实。但是，我们可以对已有的活动进行课程的设计开发和深化，提升其教育功能。例如，各所学校都会进行的春秋游。有一些评论称春秋游为"吃游"，有些贬低的口吻，其实不然。从创客精神的角度出发，我们期待孩子们在放松、自由的状态中走近自然，走进社会，"吃游"要坚持的是宽松愉快的心境，要改变的是无目标无设计的单一形式。融入创客文化，规划设计好这些现有的活动，使之成为有效能的小创客综合实践活动，是我们重点探索研究的项目。我们称之为"行走的课程"。

怎样才能让孩子们在保持宽松愉快的基础上进行综合性的探究？从创客学习模式的融入及工程思维的角度来看，有几个关键点：真实情境的设置、支架的提供、活动的设计流程、后期活动效能的反馈检测。

1. 真实情境的设置

真实情境是与生活密切联系的问题情境，它以真实生活为背景，以问题为核心，问题是情境创设的关键。真实情境的创设要注意三个问题：第一，是难度。问题的难度及现存状态和目标状态之间的距离要适当，距离太大容易产生挫败感，距离太小会使学生感觉太容易，无法取得成就感，吸引学生对于问题的长期关注；第二，是设计的问题应该是有意义的，或与学生的真实生活密切相关的，这比我们原来一直关注的有趣更能调动学生更多的注意力并进行持续的思考，这是学生在素养养成中发挥主体作用的关键；第三，设计的问题应该具有跨学科的特征，有一定的复杂性、综合性，没有现成的解决方法可供参考，驱使学生运用系列的工程设计策略。比如，问题的确认、方案的获得、模型的建立、交流与展示，让学生能够像工程师一样思考，锻炼自身的思维能力。当然，跨学科模式有很多优势，但并不是所有的活动均能成为跨学科模式下最理想的内容（表6）。

表6　创客活动设计的要点

设计要点	设计内容
切合性	难度适度，调动学生积极性，并与实践相结合
复杂性	促使学生们用多个学科的知识来合作完成
充足利用资源	充分利用各种资源为学生创造条件
互动和合作	取长补短、互相学习、分享信息
高强度	激发学生的自觉性和潜能
合理的时间安排	给学生提供充裕的完成时间/充分利用课余时间
分享教育	分享资源、分享知识、分享成果
新颖性	激发学生的创新精神、打破思维定式

2. 支架的提供

这是教师在这个环节的重要作用。我们常常会说教师要成为引导者，教师不但要成为引导者还要成为支持者，既能给予学生修正性的指导，又能给予学生新的挑战并展示自己的观点，同时，教师要提供相应的支架。如专业设备物资的提供或参考意见，组织社会性帮助，师生间关于问题探索的互动，练习作业单，同伴咨询，引导性问题，工作援助或项目模板。

3. 活动的设计流程

在上述基础上，我们按照工程设计的流程来设计活动（图2）。

4. 活动效能的检测

作为创客学习的活动，我们同样设置一定的量规，可以在活动的开始就呈现给学生，引导学生按照评价量规的要求，自我评价（图3）。

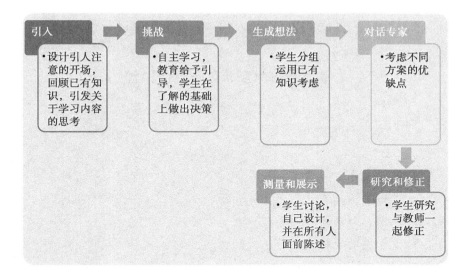

图2　"行走的课程"的设计流程

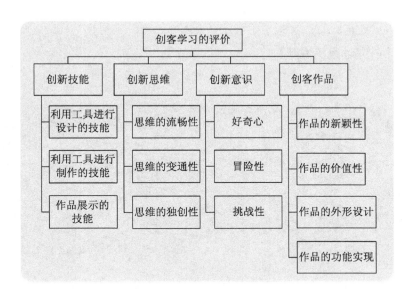

图3　创客学习的评价

参观蚕桑研究所，体验生命课程

研究人员：包程瑞　　研究导师：蔡炜
研究时间：2017 年 5 月 24 日

【研究目标】

1. 了解丝绸起源

2. 了解伟大动物——蚕的一生

3. 认识蚕的食物

【研究内容】

1. 从一带一路开始，了解丝绸之路，了解丝绸起源。

2. 参观蚕桑研究所，听讲座，了解蚕的生命循环。

3. 采桑葚，品桑葚，认识蚕的食物。

【研究过程及发现】

1. 一带一路——丝绸之路，了解丝绸的起源

丝绸之路通常是指欧亚北部的商路，与南方的茶马古道形成对比，西汉时张骞和东汉时班超出使西域开辟的以长安（今西安）、洛阳为起点，经甘肃、新疆，到中亚、西亚，并联结地中海各国的陆上通道，这条路西运的货物中以丝绸制品的影响最大，故得此名。其基本走向定于两汉时期，包括南道、中道、北道三条路线。

丝绸是由桑蚕丝织造的纺织品，是我国的特产。而蚕丝是由熟蚕结茧时分泌的丝液凝固而成的。蚕丝织物除丝绸外，还有蚕丝被、蚕丝面膜等。从汉代起，中国的丝绸不断大批地运往国外，成为世界闻名的产品。我国也被称为"丝国"。

2. 伟大的动物——蚕的一生

蚕的一生经过蚕卵—蚁蚕—熟蚕—蚕茧—蚕蛾，共有五十多天的时间。

刚从卵中孵化出来的蚕宝宝，黑黑的，像蚂蚁，我们称为"蚁蚕"，身上长满细毛，约两天后毛就不明显了。蚁蚕出壳后约40分钟就有食欲，这时就要开始喂养了。

蚕宝宝在不断吃桑叶后，身体变成白色。一段时间后，它们便开始脱皮。脱皮需要一天的时间，如睡眠般不吃也不动，这叫"休眠"。经过一次脱皮后，就是二龄幼虫。脱一次皮，他们就算增加一岁。幼虫共要脱皮四次，成为五龄幼虫，再吃8天桑叶就成为熟蚕，开始吐丝结茧。

五龄幼虫需两天两夜才能结成一个茧，做茧的丝竟然可以抽到长达1.5~3千米。蚕在茧中进行最后一次脱皮，成为蛹。约十天后，羽化成为蚕蛾，破茧而出。出茧后，雌蛾尾部发出一种气味引诱雄蛾来交尾，交尾后雄蛾就会死亡，雌蛾约花一个晚上可产下约500个卵，然后也会慢慢死去。

3. 童颜明媚初夏——采桑葚，品桑葚

桑树喜欢温暖湿润的气候，稍耐荫，耐旱，不耐涝，耐贫瘠，对土壤的适应性强。桑叶是蚕的"粮食"。从商代出土的甲骨文上可知，早在三千多年前就有了"桑"与"蚕"的字样，可见"桑"历史悠久，是与中国文化的发展紧密地联系在一起的。

桑树上结出的果实叫桑葚，它是椭圆形的，长1~3厘米，表面不平滑。未成熟时为绿色，逐渐成长变为白色、红色，成熟后为紫红色或紫黑色，味酸甜。可当作水果适量吃，很美味。

焦山碑林

研究人员：甘宇、王俊睿、夏可天、秦嘉裕、纵宇衡、李润

研究导师：花有筝

研究时间：2017年4月1日

【研究目标】

中华传统寻访

【研究内容】

参观焦山碑林，赏名书法家，了解书法家，了解碑林的文化历史。

【研究过程】

星期五的早晨，我们踏着春天的脚步，来到了风景如画的焦山游玩。

焦山的名胜古迹数不胜数，如万佛塔、碑林、古炮台……其中，我最喜欢焦山的碑林，它历史悠久，廊廊相连，是镇江具有江南古典园林特色的古建筑。在这里，我们不仅了解了众多著名的书法家，还欣赏了他们许多的书法作品，如《瘗鹤铭》，就是很有代表性的碑林。我们拍了很多碑林书法留作纪念，同时，也看到了中国汉字的博大精深，心中感慨万千。

【课程中的发现】

在参观碑林的过程中，最让我感慨的就是《瘗鹤铭》，"瘗"就是埋葬的意思，这是一段为悼念仙鹤而写的铭文，有"大字之祖""书家冠冕"的美誉，著名诗人龚自珍在诗中也写道："从今誓学六朝书，不肄山阴肄隐居。万古焦山一痕石，飞升有数此权舆。"《瘗鹤铭》在宋代受到重视，第一个对它做出评论的是欧阳修。关于它，还有一个美丽的传说。据说，王羲之非常喜爱仙鹤。有一次，他来到焦山，看到空中飞舞着两只仙鹤，姿态优美，心有所悟，于是向定慧寺的长老提出要用自己的书法作品换取这两只仙鹤，长老爽快答应了。随后，王羲之因为有其他的事情要办，只身离开。一个月后，他返回焦山，准备领走那两只仙鹤，不料，两只仙鹤已经死了。王羲之很伤心，在埋葬仙鹤的土丘旁进行凭吊，并写下了《瘗鹤铭》。

《瘗鹤铭》的名气为什么这样大？其实，这是一种残破意识在起作用，残破就意味着不完整，意味着美的丧失，意味着遥远。这种永远得不到的东西，与我们有着巨大的时空距离，于是不免会产生一种朦胧的感觉，觉得残缺的才是美。

◇ 第三节　家庭实验室课程——儿童定制的 STEM＋探索课程

　　家庭教育是学校教育和社会教育的起点，影响孩子成长的关键因素在于日常生活中与家长的互动关系，以及家庭中潜移默化的启迪。创客学习的领域是开放的，创客学习中非正式学习所占的比重很大。在家庭环境中开展亲子创客教育，能够为孩子提供更有趣、更广泛的探索领域，丰富孩子的成长体验，锻炼孩子的创意思维和动手能力。

　　在家庭课程的推进中，我们与学校阳光创意导师的建设结合，充分发挥学校高校教师的家长资源，结合儿童的特点设置了课程路径（图4）。

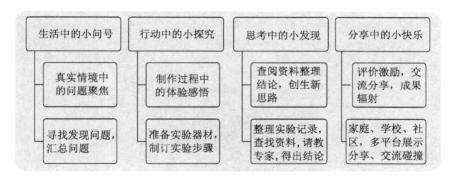

图4　"小创客的家庭实验室"课程路径

✦✦✦ 家庭实验室案例

会吸水的杯子

研究人员：吴宇轩　　　研究导师：吴建良

研究时间：2018 年 5 月 10 日

【个人简介】

我叫吴宇轩，今年 8 岁，是江科大附小二（2）班的一名小学生。

我平时喜欢看书，因为书本会把我带进一个个有趣的世界。我还喜欢组装乐高小颗粒，正在努力学习编程，它锻炼了我的动手和想象能力；更喜欢上台钢琴表演，那是属于一个人的舞台。

一、实验原因

为什么蜡烛在封闭的环境下燃烧，过一会就熄灭了？

为什么盘子内的水会自己跑到杯子里呢？是什么原因造成的？

二、实验材料

玻璃杯（比蜡烛高）1 个、蜡烛 1 支、平底盘子 1 个、打火机 1 个、稀释的红墨水 1 杯

三、研究过程

1. 实验步骤

（1）点燃蜡烛，在盘子中央滴几滴蜡油，将蜡烛固定在盘子上；

（2）将稀释过的红墨水倒入盘中；

（3）将玻璃杯倒扣在燃烧的蜡烛上；

（4）观察发生的现象。

2. 实验现象

（1）蜡烛过一会熄灭了，玻璃杯壁上有水气产生；

（2）稀释的红墨水自动进入倒扣的玻璃杯，水面升高并且没有流出来，盘子里只留下很少的红墨水。

四、研究结论

（1）蜡烛燃烧需要氧气，在封闭的环境中，氧气被蜡烛燃烧完后，蜡烛就会因为缺氧而熄灭；

（2）杯子里的空气减少后，气压下降，使得杯子内的压强小于外面的大气压强。在大气压的作用下，外面的大气压将盘子里的水压入杯中，杯子里的水面自然就升高了。

五、进一步研究

（1）我们用热水替代原来的冷水，效果是一样的；

（2）我们用铁罐、塑料瓶、陶瓷杯等其他材质的容器来替换玻璃杯，发现只要容器的口径是平整的，当蜡烛燃烧完以后，水还是会被"吃"到容器里面。

六、收获和体会

生活中到处蕴藏着科学奥秘，等待着我们去发现和探寻。通过这次的科学小实验，不仅锻炼了我们的实验操作能力，开拓了眼界，还启迪我们积极地、主动地去思考问题，自己探索结果。

亲自动手参与实验，获益匪浅，比直接从书本中获取知识更容易领悟科学的真谛，在收获科学知识的同时培养了我们对实验探究的浓厚兴趣。

亲子感受：通过这个小实验，不仅锻炼了我们的动手能力，还激发了我们对科学的探索。让我们明白了科学无处不在，平时要勇于去发现和研究。

一张纸的承重能力测试

研究人员：张睿涵　　研究导师：张强
研究时间：2018 年 6 月 3 日

【个人简介】

我是三（3）班的张睿涵，我性格开朗，爱好广泛，书法、篮球、小提琴都很喜欢。这学期学校开设了科学课，我经常被各种有趣的科学现象所吸引。在家里也会做些小实验，思考其中的原因，通过这些活动我增长了许多科学知识。

一、实验原因

同样大小的一张纸在不同形状下所能承受载重量的区别。

二、实验材料

剪刀、胶棒、卡纸、一次性纸杯 2 个、硬币若干。

三、研究过程

1. 实验步骤

（1）把彩纸分别制作成如下形状：1）一层纸条；2）两层纸条粘在一起；3）中空结构；4）斜拉桥；5）拱桥。

（2）把不同形状的纸条架在两个一次性纸杯之间，变成不同形状的桥，然后往上面放硬币，看看在不同形状下，纸张分别能承受多少个硬币。

2. 实验现象

（1）普通的一层纸条，一枚硬币也放不了（图1）；

（2）两层纸条粘在一起成了拱桥，可以放一枚硬币（图2）；

（3）中空形状的纸条，可以放很多硬币（图3）；

（4）在细线的牵引下，可以放4枚硬币（图4）；

（5）做成拱形，可以放8枚硬币（图5）；

图1　一层纸条　　　　　图2　两层纸条

图3　中空结构

图4　斜拉桥

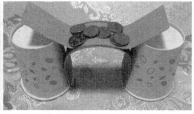

图5 拱桥

四、研究结论

物体能承受的重量与它的材质、重量和形状有关，另外，外力的支撑也会起到很大的作用。

五、进一步研究

怎样变化彩纸的形状，使彩纸上放的硬币更多？

将彩纸叠成波浪状，可以放更多。这是因为波浪形的纸桥可以看作是由很多三角形组成的，而三角形是最能承受重量的结构。（图6）

图6 波浪形

六、收获和体会

通过实验，我发现同样大小的纸，由于形状的不同，以及外界条件的不同，它们的承重也不同，我们在生活中要善于利用这样的原理。例如，家里买的新电脑，它的包装箱就是利用这个原理，将厚纸板的内衬制作成波浪状，起到加固的作用。

◇ 第四节　引导科学测量的探究方法——"小创客大闯关"

　　每个学期，我们都有寒暑假，如何才能设计好寒暑假的小创客活动？我们基于儿童的心理，结合创客学习的方式，每年假期都设置"大闯关"活动安排。在"大闯关"的方案设置时，和"行走的课程"一致，注重课题的现实意义、课题的挑战性及新颖性等要点，重点引导学生采用科学测量的方法，如计量统计、列表统计等，将课堂知识与技能结合起来，让学生在真实的闯关活动中运用，激励学生用"工匠"的要求，尽量保证自己或团队作品的完美。每年假期结束，我们都会评选出"大闯关"小明星，从而激发学生不断探索前行。

✦✦✦ 小创客大闯关活动案例

小创客"缤纷冬日乐无穷"大闯关活动

亲爱的同学们：

　　愉快的寒假就要开始了，寒假是同学们从家庭走向社会、从校园走向自然的最佳时机。为了使大家更好地进行自我锻炼，增长才干，利用好假期，过一个有意义的快乐寒假，让我们在这缤纷冬日共同完成寒假的约定。

　　一、安全警钟长鸣，应对突发事件

　　寒假期间我们在享受假期的同时，千万不要忽视安全防护，各位同学要增强自我保护意识，提高防范能力，牢记 12 条安全提示。

　　遵守交通规则；安全使用电器；

　　防范流行疾病；注重自我保护；

　　安全文明上网；不入危险区域；

　　安全乘坐公交；遵守公告秩序；

　　防范溺水事件；遵守"禁放"规定；

　　注意饮食安全；安全快乐旅行。

二、守时守信做人，合理安排作息

古人说："人无信不立。"信，就是信用。守信，就是能够按事先跟人的约定行事。守信可以从守时做起。寒假期间，我们可以给自己制订一份假期生活计划：可以是整个假期的生活、学习、娱乐安排，也可以是一天之中的作息时间。将设计的寒假生活计划再精心美化一番，开学后，学校将组织进行评比（附件1）。

三、传承中华文化，弘扬民族精神

1. 巍巍中华上下五千年，代代相传，世世不息。你知道自己家里的家风家规家训是什么吗？在你的家族中有哪些历史名人？列举家族中的历史名人及相关事迹，拍摄探寻家风家规家训的短视频或制作一份特别的家谱（行走报告）。

2. 亲爱的祖国，五千年的蕴涵和积淀，七十年的扬弃和继承。我为祖国点赞。2019年是中华人民共和国成立70周年，在"十九大"的东风劲吹中，新中国正继往开来，走向新的辉煌。国家的富强和伟大中国梦的实现离不开国人的努力，听长辈讲述追逐梦想的历程和故事，认真阅读《我为祖国点赞》读本，了解中华人民共和国成立70年来的伟大成就，感受时代的动脉。

以"我为祖国点赞"为题

低段：一、二年级完成A4纸绘画；

中段：三、四年级完成硬笔或软笔书法作品；

高段：五、六年级撰写读后感一篇。

四、关注垃圾分类，科学回收资源

当今世界，物质资源不断丰富，满足了人们的生活需要的同时也产生了大量废弃物，而且废弃物的总量也在逐年上升。春节期间，你的家庭每天产生多少克垃圾？让我们做个有心人，调查一下家庭一周产生的废弃物。

1. 在假期中，连续7天调查你家生活中产生的废弃物类型。

2. 称量每种废弃物的重量，计算平均每天产生的各种废弃物重量。

3. 调查时，可以全程协助家长做家务劳动。例如，餐前准备、餐后清理、打扫房间及废旧物品处理等。

4. 根据调查结果填写表格。（附件 2，表格可自行设计）

5. 科学利用回收的废弃物进行小发明、小创造，开学后组织评比，优秀作品推荐参加全市创新大赛。

五、坚持强身健体，塑造健康体魄

☆：

每天坚持垫球 50 个，个人跳绳 120 个，合作跳绳 50 个，仰卧起坐 20 个，平板支撑 1 分钟×2。（自选三项完成）

☆☆：

每天坚持垫球 100 个，个人跳绳 150 个，合作跳绳 80 个，仰卧起坐 20 个×2，平板支撑 1 分钟×2。（自选三项完成）

☆☆☆：

方案一：垫球 100 个，个人跳绳 150 个，合作跳绳 80 个，仰卧起坐 20 个×2，平板支撑 1 分钟×2。（自选四项完成）

方案二：参加体育训练或者和家长踢一次足球或打一次排球、篮球，当天的其他体育作业可以不做。在当天的日期后注明。

附表1

小创客缤纷乐无穷
——阳光小创客寒假"21日乐正行动"大闯关活动

我的名字		我的行动目标	我决心完成闯关任务____项，努力获得阳光币____枚		闯光验收	
闯关内容		闯关要求	闯关任务（完成相应关可以获得对应数量的阳光币）		自我鉴定	闯光鉴定 / 家长鉴定
生活技能关		☆ 1. 有作息时刻表，能执行，睡眠9小时。2. 熟练掌握劳动技能：整理自己的书桌、书架。（提供照片）	☆ 感恩知恩孝先行，分担家务，学会洗碗，完成10次。（提供照片）	☆☆ 参加志愿者服务，主动参与一项公益活动；或参与家庭春节大扫除1次，完成洗碗15次。（提供活动照片材料）		
文化传承关		1. 探访家风家规家训，传承家庭精神风貌；2. 认真阅读《我为祖国点赞》读本，了解中华人民共和国成立70年来的伟大成就，感受时代的动脉。	☆ 1. 请长辈讲一个关于奋斗的故事或上网搜索一个新中国成立70年前后变化的案例，写下你的体会和感想。2. 以"我为祖国点赞"为题：一、二年级完成A4纸绘画；三、四年级完成硬笔或软笔书法作品；五、六年级撰写读后感一篇。	☆☆☆ 1. 拍摄探寻家风家规家训的短视频，制作一份特别的家谱，写成行走报告。2. 了解新中国成立70年来的伟大成就，以"我为祖国点赞"为题制作美篇。		

闯关内容	闯关要求（完成相应关可以获得对应数量的阳光币）			阳光验收		
	☆	☆☆	☆☆☆	自我鉴定	闯光鉴定	家长鉴定
体育锻炼关	每天坚持：（自选三项完成）垫球50个、个人跳绳50个、合作跳绳120个、仰卧起坐20个、平板支撑1分钟×2。	每天坚持：（自选三项完成）垫球100个、个人跳绳150个、合作跳绳80个、仰卧起坐20个、平板支撑1分钟×2。	方案一：（任意四项完成）垫球100个、个人跳绳150个、合作跳绳80个、仰卧起坐20个×2、平板支撑1分钟×2。方案二：参加体育训练或者和家长踢一次足球或打一次排球、篮球，当天的其他作业可以不做。在当天的日期后注明。			
能力发展关	诗风雅韵：阅读必读书籍，做读书摘抄。背诵古诗6首。搜集春联3幅，感受年的气息。思维体操：阅读《快乐数学》，口算、笔算达标训练。魅力ABC：听说读写训练。	诗风雅韵：阅读1~2本书籍，读书笔记两篇，完成读后感一篇。背诵古诗8首。搜集春联5幅，利用毛笔书写春福、写福，为周围的人们送春联、写福，送福。思维体操：口算、笔算速度正确率提升训练。魅力ABC：综合运用语言的能力检测。	诗风雅韵：阅读2本以上书籍，完成高质量读后感，参加读书征文活动，尝试推荐一本好书（形式丰富，图画式，图文式，文字式皆可）。积累古诗10首、词2首，读小古文2篇。创作春联，书写春联，送福给周围亲朋好友。年级班级个性化、特色作业设计：诗风雅韵：_____ 思维体操：_____ 魅力ABC：_____			

闯关内容	闯关要求（完成相应关可以获得对应数量的阳光币）			闯关验收	
	☆	☆☆	☆☆☆	自我鉴定	家长鉴定
探究创新关	关注垃圾分类，科学回收资源，培养团队协调合作能力。学会垃圾分类的方法。进行奖励。	连续7天调查你在家生活中产生的废弃物类型，并做好称量，计算工作，填写调查表。	科学利用回收的废弃物进行小发明，小创造，开学后组织评比，优秀作品推荐参加全市创新大赛。		

注：所有的闯关活动，必须坚守安全的原则，注重文明习惯的养成。闯关要发扬小创客自我管理的效能，鼓励在创意导师的引导下自由组合，培养团队协调合作能力。提供的材料均用A4纸，电子档与纸质档同时提供给班主任老师，学校将评选若干赛期闯关优胜者，进行奖励。

以班级为单位，选择"参与公益活动""文化传承关""探究创新关"中的一项制作一篇美篇，开学后，开学后制作成美篇，年级组汇总将打包上传电子网页链接或二维码到班主任群。综合整理后资料，开学后每班择优一篇。

同学们留心收集寒假闯关的过程资料，综合整理后制作成美篇，开学后每班择优一篇。

 附表 2

"变废为宝"的项目研究报告

研究项目：_____

研究人员：_____

研究导师：_____

研究时间：_____

一周内家庭产生的生活废弃物调查表

记录人：_____ 记录时间：_____

废弃物类型	塑料类（克）	纸类（克）	金属类（克）	玻璃、陶瓷（克）	厨余类（克）	废弃物总量（克）	可回收利用量（克）	回收后剩余（克）
第 1 天								
第 2 天								
第 3 天								
第 4 天								
第 5 天								
第 6 天								
第 7 天								
活动感受：								

"变废为宝" 创意设计书

作品名称			
作者姓名		班级	
创意导师		联系电话	

作品设计说明

1. 作品创意描述：

2. 作品设计方案：

3. 作品制作过程（附制作过程中的照片）

4. 作品改进设想

5. 其他说明

（可附页）

第五章　七彩阳光评价体系的多元尊重

◇ 第一节 以"成长"为主题的七彩阳光评价设置

综合评价是课程与教学的一个有机组成部分，我们力求充分发挥其应有的发展功能和激励功能，淡化甄别功能和选拔功能。面对成长中的儿童，他们具有无限的可能性，因此，个性化的教学评价应该是多元的。

评价主体：除了老师以外，还有学生、家长及其他学习团体。评价内容不再局限于学科知识，能力、兴趣、特长等也纳入了评价的范畴。

评价标准：不同的学生，基础不同，发展的水平也不同。不再过分追求统一，而是根据每一位学生的实际情况，灵活地进行弹性设计。（1）设置区间，100分可以得优秀，80分也能得优秀。（2）注重发展，有的学生横向比也许只能属于及格，但纵向和他过去比，也许已能评为良好。（3）评价方式追求多元，纸笔测验法当然要运用，但不是唯一的，个性分析法、活动展示、成果展览法、档案袋评价等，对不同的学生采取不同的评价方式，以取得不同的效果。量化评价与质性评价结合起来，让学生的内心有真切的成功感受，看到自身成长的轨迹。

一、江科大附小"21日阳光小创客"的成长评价目标

为更好地发挥评价的激励和导向功能，突出过程性评价和发展性评价，帮助学生树立目标、建立自信，养成良好习惯，激发内在发展动力，学校实行"阳光小创客"成长评价方案，引导学生全面发展，获得成就感和幸福感，让孩子们的童年洋溢着"太阳的气息"。

阳光小创客培养目标：培养自信、坚毅、乐享、创新的阳光小创客

自信：有着太阳般的光辉，明亮灿烂，在"尊重、理解、赏识、激励"中建立自信与自尊，丢弃自卑与自弃，在一天天的阳光体验中对美好未来充满憧憬。

坚毅：如温馨的霞光，持久呵护，让"自控、果断、坚持、活力"成为学生的意志品质，使学生成为坚毅的、能承受挫折的和持之以恒的人。

乐享：如初升的太阳，热烈奔放，洋溢着"激情、感恩、生机、快乐"的情绪，以赤诚的心善待一切，赢得满心欢乐。

创新：如雨后的彩虹，精妙变幻，用"知识、思考、合作、探究"引领，为学生插上梦幻的翅膀，尽情飞翔。

二、"七彩阳光小创客"评价的具体内容

"七彩阳光小创客"评价的具体内容见表1。

表1 "七彩阳光小创客"评价表

颜色	维度	寓　意
红色	乐享少年	爱心之色。如初升的太阳，热烈奔放，洋溢着激情与活力，指引你、教会你：以赤诚感恩的心善待一切，乐于分享，赢得满心欢乐。
橙色	自律少年	温暖之色。如温馨的霞光，呵护你、提醒你：文明守纪、自护自律，时刻保持着对安全的"橙色预警"。
黄色	自信少年	光明之色。有着太阳般的光辉，明亮灿烂，建立自信与自尊，丢弃自卑与自弃，在一天天的阳光体验中，对美好未来充满憧憬。
绿色	创新少年	生命之色。代表希望与未来，寓意生机与活力。对科学有着执着的好奇与探索，对生命自然有着美好的呵护与融合。
青色	智慧少年	幻想之色。引领着你在知识的海洋里遨游，博览群书，为你插上梦幻的翅膀，追随幸福的青鸟尽情飞翔。
蓝色	坚毅少年	天空之色。象征着坚持、健康和永恒。在广阔的天空下自由呼吸，尽情享受身心健康的幸福生活。
紫色	才艺少年	典雅之色。引领你步入浪漫的艺术殿堂，展现自我风采，陶冶高尚情操，在丰富多彩的活动中发现美、体验美、创造美。
金阳光少年		阳光之色。润泽生命成长的历程，让我们在追逐阳光的过程中，不断超越自己，感受进步与收获的喜悦。

三、"阳光小创客"学生综合素质评价内容体系

"阳光小创客"学生综合素质评价内容体系见表 2 至表 4。

表 2 低年段（1～2 年级）学生综合素质评价内容

颜色	维度	要素	关键表现提示
红色	乐享少年	尊重他人	1. 听从长辈的教育，外出或回家时主动向长辈打招呼。 2. 不取笑别人，能主动帮助有困难的同学。
		乐于交流	1. 能为别人的进步而高兴，乐于接受同学的批评。 2. 有自己的好朋友。
		学会合作	1. 合作时，能与组员分工协作完成任务。 2. 积极参与合作，懂得合作的方法。
橙色	自律少年	爱国守法	1. 认识国旗、国徽，知道国歌并逐步做到唱好国歌。 2. 认真参加升旗仪式，学会在升国旗时行注目礼。
		诚实守信	1. 不说谎话，有错就改。 2. 不随便拿别人的东西，借东西及时归还。
		文明守纪	1. 知道常用的文明礼貌用语，会使用基本的礼节。如握手、鞠躬、招手、敬队礼。 2. 饭前便后洗手，上下楼梯靠右行。 3. 课间文明游戏，不追逐打闹。
		安全自护	1. 自觉地遵守基本的交通规则。 2. 记住家庭住址、电话及父母的姓名、工作单位。 3. 知道火警（119）、匪警（110）和急救（120）电话，并会拨叫这些电话。
黄色	自信少年	行为表现	1. 行走时能抬头挺胸，言语表达清晰。 2. 遇到问题能主动大胆请教他人。
		集体活动	积极参加集体活动，上课能举手发言。
绿色	创新少年	动手能力	1. 在绘图实验中，有一定的动手能力。 2. 能就生活中的疑问进行质疑。
		创新实践	1. 善于观察，乐于思考，爱提问题。 2. 积极参加科技活动，有金点子和小制作。

颜色	维度	要素	关键表现提示
青色	智慧少年	主动学习	1. 课堂上能集中注意力，认真听讲。2. 按时独立完成作业，字迹端正，书写整洁。
		学会学习	1. 背诵、复述能力强，各个学科的成绩能达到优良标准。 2. 学会使用"圈点勾画"法来读书，有读课外书的兴趣。
蓝色	坚毅少年	健康状况	1. 认真上好体育课，做好眼保健操和课间操。 2. 坐立行姿势正确，体质测评成绩合格。
		生活方式	1. 早睡早起。读写姿势正确。 2. 积极参加体育运动，不怕吃苦。
紫色	才艺少年	审美情趣	1. 喜欢美的事物，能认真上好艺术课。 2. 喜欢看少儿艺术节目。
		艺术表现	1. 积极参加艺术活动。 2. 有简单的艺术作品。
七彩阳光少年			七个类别多元评价，不超过班级人数的50%
金阳光小创客 （校级三好生）			符合各维度要求，有突出表现，参加个人推介会，大胆表达，占班级人数15%的特别优秀学生。

表3 中年段（3~4年级）学生综合素质评价内容

颜色	维度	要素	关键表现提示
红色	乐享少年	尊重他人	1. 尊敬国旗、国徽；升国旗时，庄重严肃，行好队礼，唱好国歌。 2. 懂得简单的法律常识。
		乐于交流	1. 活泼开朗，愿意和同学交往。 2. 愿意把心里话告诉自己的亲人和朋友。
		学会合作	1. 合作时能与组员合理分工，协作完成任务。 2. 学会谦让和宽容。
橙色	自律少年	爱国守法	1. 尊敬国旗、国徽；升国旗时，庄重严肃，行好队礼，唱好国歌。 2. 懂得简单的法律常识。
		诚实守信	1. 待人真诚，言行一致。作业不抄袭、考试不作弊。 2. 答应别人的事努力做到，做不到时表示歉意。

颜色	维度	要素	关键表现提示
橙色	自律少年	文明守纪	1. 微笑待人，主动和别人问好。 2. 饭前便后洗手，上下楼梯靠右行。 3. 课间文明游戏，不追逐打闹。
		安全自护	1. 遇到紧急或危险情况时知道利用各种紧急电话正确地报警。 2. 健康上网，不进入网吧等未成年人不宜入内的场所。 3. 珍爱生命，自觉地遵守交通规则。放学上学能结伴同行。
黄色	自信少年	行为表现	1. 行走时能抬头挺胸，步伐有力，言语表达响亮完整。 2. 上课能举手发言，对答案有信心。
		集体活动	能积极参加集体活动，并参与策划。
绿色	创新少年	动手能力	1. 动手制作和实验，有自己的发现和作品。 2. 大胆质疑，寻找答案。
		创新实践	1. 参加课外实践活动，完成实践作业。 2. 积极参加科技活动，有金点子和小制作。
青色	智慧少年	主动学习	1. 上课注意力集中，学会倾听和表达。 2. 自觉按要求完成作业，有订正的习惯。 3. 坚持每天阅读课外书籍半小时。
		学会学习	1. 各个学科成绩达到良好标准。 2. 在老师的指导下学会预习和复习。
蓝色	坚毅少年	健康状况	1. 有一项自己喜爱的体育活动，体质测评成绩合格。 2. 知道奥林匹克精神并有主动参与意识。
		生活方式	1. 早睡早起。均衡饮食，不挑食、不偏食。 2. 积极参加运动，养成锻炼习惯。
紫色	才艺少年	审美情趣	1. 认真上好艺术课，达到课程标准要求。 2. 仪表美，穿戴得体。
		艺术表现	1. 积极参加艺术活动，有一定的艺术表现能力。 2. 有自己得意的艺术作品。
金阳光少年			符合各维度要求，占班级人数15%的优秀学生。
金阳光终极三好少年			符合各维度要求，有突出表现，参加个人推介会，大胆表达，占班级人数5%的特别优秀学生。

表 4　高年段（5～6 年级）学生综合素质评价内容

颜色	维度	要素	关键表现提示
红色	乐享少年	尊重他人	1. 知道父母和长辈的生日，关心父母。 2. 尊老爱幼，平等待人，和同学能友好相处。 3. 懂得谦让，不任性，能主动为他人着想。
		乐于交流	1. 活泼开朗，愿意和同学交往。 2. 愿意把心里话告诉自己的亲人和朋友。
		学会合作	1. 合作时，能与组员合理分工，协作完成任务。 2. 学会谦让和宽容。
橙色	自律少年	爱国守法	1. 坚持看报纸或电视新闻，关心国家大事，有身为中国人的责任心和自豪感。 2. 懂得简单的法律常识，能自觉地做个守法的小公民。
		诚实守信	1. 讲诚实，守信用，有拾金不昧的好品质。 2. 学会保护尊重自己和别人的隐私。 3. 知错就改，敢于承担责任。
		文明守纪	1. 讲究公共卫生，爱护公共设施。 2. 遵守公共秩序，文明乘车、购物、游戏。 3. 讲文明话、做文明事，自觉抵制不文明现象。
		安全自护	1. 远离毒品，不吸烟、不喝酒、不赌博，不参加封建迷信活动。 2. 掌握一定的安全自护知识，学会自我保护。 3. 健康上网，不进入网吧等未成年人不宜入内的场所。
黄色	自信少年	行为表现	1. 行走时，步伐有力；交流时，正视别人，言语表达响亮完整。 2. 上课能举手发言，大胆表述自己的观点。
		集体活动	2. 积极参加集体活动，在活动中表现自己，获得好评。

颜色	维度	要素	关键表现提示
绿色	创新少年	动手能力	1. 制作小发明，完成小实验，有收集、筛选、加工处理信息的能力。 2. 学会小组合作探究，动手实践有效果。
		创新实践	1. 有强烈的好奇心，能不断改进方法。 2. 积极参加各级各类科技比赛，并获得优秀成绩。
青色	智慧少年	主动学习	1. 自觉预习和复习功课。 2. 课堂上能大胆地发表自己和别人不同的见解。 3. 坚持每天阅读课外书籍一小时以上。
		学会学习	1. 学会制订学习计划，各个学科的成绩达到良好标准。 2. 能利用图书馆、展览馆和网络等渠道搜集相关的信息。
蓝色	坚毅少年	健康状况	1. 有至少一项体育爱好，能参加两种以上的体育竞赛活动。 2. 知道基本的健康常识，体质测评合格。
		生活方式	1. 生活有秩序，作息有规律。 2. 能科学地安排自己的生活。 3. 积极锻炼，不怕吃苦。
紫色	才艺少年	审美情趣	1. 认真上好艺术课，达到课程标准要求。 2. 有一定的艺术欣赏能力并有自己喜爱的艺术家及其作品。
		艺术表现	3. 能主动地对某种艺术形式进行了解。 4. 至少有一项突出的艺术才艺，并能大胆地在活动中展示自己的成果。
金阳光少年			符合各维度要求，占班级人数15%的优秀学生。
金阳光终极三好少年			符合各维度要求，有突出表现，参加个人推介会，大胆表达，占班级人数5%的特别优秀学生。

◇ 第二节 "儿童化"——自己设计评价方式和评价奖状

随着时代的进步，现代儿童的独立性越来越强，独立判断的能力也越来越强，我们在评价的过程中发现，有的孩子对传统的激励无动于衷。对儿童的评价得不到儿童的关注，评价就丧失了意义。儿童对评价更期待的是可触摸的，是及时的，是有趣好玩的，创客精神强调的就是在愉快的基调下的制作创造和交流共享。我们在评价的过程中，也有意地引导孩子更注意团队的发展，注重通过评价引导学生同伴关系的和谐。

因此，我们采用了以下策略。

1. 代币制和积分激励

代币制是斯金纳操作性条件反射理论下的一种方法，以此来激发学生达成教育所期望的行为。斯金纳认为，人的一切行为几乎都是操作性强化的结果，人们的任何习惯都可以通过及时强化习得。代币制（Token Program），又称标记版奖酬法（Token Economy），是用象征钱币、奖状、奖品等标记物为奖励手段来强化良好行为的一种行为治疗方法。代币制有许多优点。例如：代币能在所要求的行为发生后，立即发放；适当时候兑换；可在反应与强化物之间建立一个长时间的延缓桥梁；也可在任何场合根据行为质量好坏，对代币进行增减；还可以避免初级强化物引起的饱厌现象。

斯金纳在程序教学理论中，论述了正强化的程序原则：第一，积极反应原则。即必须使学生始终处于一种积极学习的状态；第二，小步子原则。即把要达成的目标分解成一个一个小步骤，前一步的学习为后一步的学习做铺垫，两个步子之间的难度相差很小，学习者容易取得成功，建立自信；第三，及时反馈原则。让学生立即知道自己的答案，这是正确的树立信心、保持行为的有效措施；第四，自定步调原则。要允许学生按照自己的情况来确定掌握材料的速度。

基于斯金纳的理论，我们设置了阳光币、能量卡、攀登墙。设置颁发阳光币的要求，每节课、每次活动甚至每次交作业，都有可能得到阳光币，把学生的表现用阳光币予以强化和激励，每月积累阳光币、积累能量卡再汇聚成攀登墙，让孩子的进步触摸得到、看得见，具有及时性、可视性、趣味性，同时加强了过程性评价。

2. 由学生设计评价标志物

评价要尊重学生，让所有评价的内容贴近儿童，让他们用自己的方式来记录自己每一个进步的脚印。在小创客七彩评价里，我们设置了多元的七个奖励项目。在全校征集奖状图案，让学生根据七个项目绘制你心目中的阳光小创客。同学们的创作力是惊人的，全校在征集的基础上，又选出来 7 幅喜爱程度高的画作，作为自己的奖状。这样自己设置的奖状代表了儿童心声，为他们所喜爱，评价的效能也大大得以提升。

小创客自己设计的七色奖励证书（图 1，左图正面，右图反面）：

作者：2016级5班 包依诺

作者：2015级3班 黎智馨

作者：2016级4班 张诗岚

作者：2016级1班 谢子璇

作者：2015级1班 孙孝贤

作者：2016级5班 王思倩

图1　学生设计的七色奖励证书

◇ 第三节　"多元化"——"1357"策略让每个孩子成为"更好的自己"

一、"1357"策略具体内容

为了使每个孩子成为更好的自己，七彩阳光评价在实施的过程中采用了"1357"评价实施策略。

"1357"的具体内容是（图2）：

"1"：尊重每个孩子，尊重个性差异，一切以"发展"为核心。

"3"：指三个评价层次。包括"常规性评价""主题性评价""标志性成果"。"常规性评价"是指对学习习惯和行为养成的评价；"主题性评价"是"七色"所述的七个评价纬度；"标志性成果"是指能够证明自己某一方面个性发展的实证性材料。

"5"：指5个评价主体。个人、同学、教师、家长、社区人员。在主题性评价中，"学生自评"占10%，"同学互评"占40%，"教师、家长评价"占40%、"社区人员评价"占10%。

"7"：指七个评价维度。学校根据学生培养目标设立的七色评价纬度，即乐享、自律、自信、创新、智慧、坚毅、才艺。

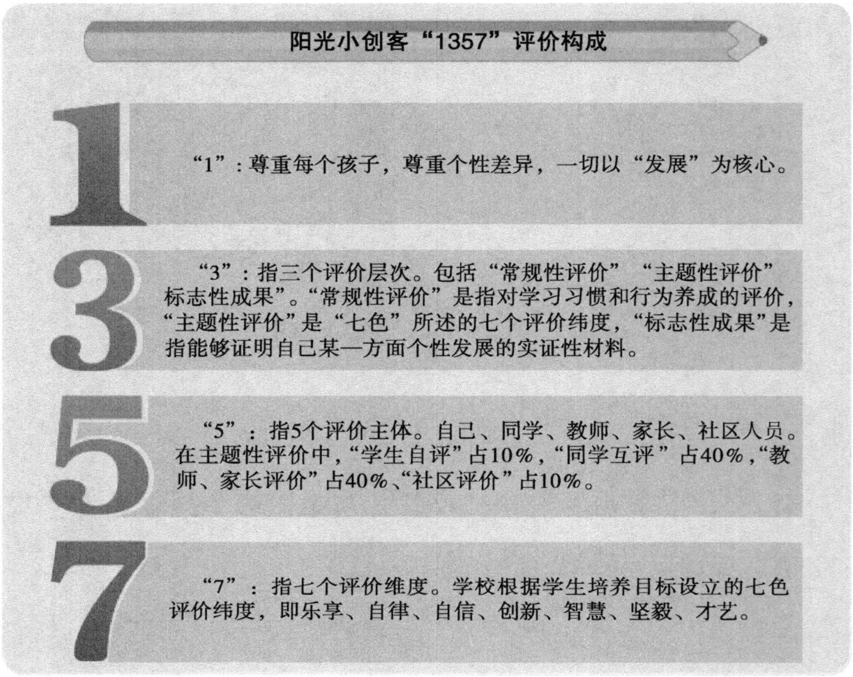

阳光小创客"1357"评价构成

1 "1"：尊重每个孩子，尊重个性差异，一切以"发展"为核心。

3 "3"：指三个评价层次。包括"常规性评价""主题性评价""标志性成果"。"常规性评价"是指对学习习惯和行为养成的评价，"主题性评价"是"七色"所述的七个评价纬度，"标志性成果"是指能够证明自己某一方面个性发展的实证性材料。

5 "5"：指5个评价主体。自己、同学、教师、家长、社区人员。在主题性评价中，"学生自评"占10%，"同学互评"占40%，"教师、家长评价"占40%、"社区评价"占10%。

7 "7"：指七个评价维度。学校根据学生培养目标设立的七色评价纬度，即乐享、自律、自信、创新、智慧、坚毅、才艺。

图 2　"1357"评价构成

二、七彩阳光评价程序

七彩阳光评价程序见图 3。

1. 小小"阳光币"，水滴阳光积累"小进步"

班主任及任课教师观察学生在乐享、自律、自信、创新、智慧、坚毅、才艺等方面的表现，用"金阳光币"及时给学生以肯定。学生则通过一次次获得的肯定收获"金阳光币"，在集满十个"金阳光币"后，在自己的能量卡上盖"金阳光章"。

2. 满满"能量卡"，21 日成就好习惯

为自己设置一个好习惯养成目标，为此积累 21 个阳光币，加强自我约束能力。

3. 高高"攀登墙"，互助乐享，整体提升

每个班级设立一面"阳光小创客成长攀登墙"，每月攀登一次。比比阳光币，赛赛能量卡，以"金阳光章"确定自己在攀登墙上的位置，在攀登中不断督促自己向着"阳光小创客"所要求的方向前行。

1. 小小"阳光币"，水滴阳光积累"小进步"。班主任及任课教师观察学生在乐享、自律、自信、创新、智慧、坚毅、才艺等方面的表现，用"金阳光币"及时给学生以肯定。学生则通过一次次获得肯定收获"金阳光币"，在集满十个"金阳光币"后，在自己的能量卡上盖

2. 满满"能量卡"，21日成就好习惯。为自己设置一个好习惯养成目标，为此积累21个阳光币，加强自我约束能力。

3. 高高"攀登墙"，互助乐享，整体提升。每个班级设立一个"阳光小创客成长攀登墙"，每月攀登一次，比比阳光币，赛赛能量卡，以"金阳光章"确定自己在攀登墙上的位置，在攀登中督促自己向着"阳光小创客"所要求的方向前行。

图3　阳光币、能量卡、攀登墙

4. 阳光"自信展"，成就小创客

"阳光小创客"每学期评选一次。学生首先申报单色少年评选，教师根据"攀登墙"过程评价记录，评选出各类"单色少年"，比例占班级的40%。对于在"攀登墙"上端的优秀学生，结合同学互评、任课教师评议、家长评价等，评选出不超过班级50%的"七彩阳光少年"。在学期结束，"金阳光小创客"的学生举办个人推介会，符合条件的学生轮流上台，陈述自己一个学期来七个纬度的发展表现，展示能证明其发展状况的相应成果，在此基础上开展评选，占班级人数的15%。

5. 召开表彰大会，表彰"金阳光终极三好少年"

每学期期初，学校召开一次表彰大会，表彰各班评选出来的"金阳光终极三好少年"，授予奖状和奖章，并在学校宣传栏和学校网站

大力宣传。

在阳光七彩评价的激励下，孩子们愉快地成长。

第一，学生素养内涵和培养目标明确，学生个体发展、中队建设评价体系完备，起到了良好的引领和促进作用。

第二，班集体建设成效明显，学校自行设计的《阳光小创客21日养正评价手册》深入人心，"阳光小创客"的评价方法正在实施。

第三，少先队活力得以激活，规定活动有声有色，特色活动形式丰富。

第四，社会美誉度提升，《京江晚报》整版报道了我校"阳光小创客"养正行动掠影。

专题报道

在孩子心灵植入科学种子

江苏科技大学附属小学五（3）班学生江依萌，刚上小学一年级时，听说学校有机器人社团，便毫不犹豫地报名参加了。如今，她学会了操控凤凰EQ机器人完成垃圾分类任务，学会了用木板、雪糕棒制作PowerTech仿生机器人模仿各种动物的行走并完成接力比赛，还学会了编写程序让WER机器人完成一项项工程任务……她告诉记者，学校每年都会举办两次"QEPI小创客嘉年华"活动，纸飞机、遥控车、机器人、蚕桑科普……每一样都能让她尽情地施展自己的科学才华，乐享创新创造给自己带来的成功体验。

近年来，该校借助江苏科技大学丰富的科技教育资源，积极创建科教特色，取得显著成效。学校先后被评为"江苏省科学教育特色学校""十三五首届江苏省科学教育综合示范学校"。去年，阳光创客文化成为江苏省教育厅小学特色文化建设项目；今年，学校主课题《创客学习的校本研究》成为江苏省教科院"十三五"立项课题。

在"玩"中培养科学兴趣

学校的玩创空间STEM机器人社团吸引了一大批"机甲粉""机

甲旋风""银河护卫队"⋯⋯编程、制作、控制、创新⋯⋯在这里，孩子们不仅要学习机器人专业的知识，更多的是要融合运用各方面的知识和技能。能力风暴、凤凰EQ、PowerTech，众多项目的机器人社团成了学校一道亮丽的风景。

在江科大附小，像这样的科技活动，即使学业相对繁重的毕业班学生也能"玩"。

今年6月3日，全国车辆模型公开赛在扬中市举行。江科大附小阳光车模队的小队员们虽然首次参加全国大赛，但比起赛来毫不怯场。急转漂移、爬坡腾空、超越冲线⋯⋯一个个娴熟的操作、精彩的动作都展现了同学们扎实的基本功。参加比赛的阳光车模队队员中，有16名同学是来自六年级毕业班，他们在紧张的学习之余还能参加到车模比赛中来，正体现了学校重视素质教育、注重培养学生综合素养的办学理念。以至于比赛结束后，孩子们还意犹未尽地问："老师，我们到中学还能有参加比赛的机会吗？""老师，下次我还要报名！"

在今年江苏省公民科学素养大赛中，江科大附小的学子们同样大放光彩：该校六（3）班张桐菲同学在线上测试中表现优异，经过重重考验，以全省小学组十强的优异成绩闯入线下总决赛，并最终获得了全省"科学百事通"称号。

"孩子们在科技活动和比赛中积累经验与教训，既锻炼了孩子的比赛应变能力，又提升了其综合素养，孩子们收获的不仅是奖牌，更多的是成长。"该校科学课教师江枫如是说。

在"造"中孕育科学精神

校长蔡艳表示，作为江苏科技大学的附属小学，江科大强大的专家团队是可共享的优质科教资源。同时，学校科学课专任教师江枫是省优秀科技辅导员，并担任全区科技辅导员培训工作。

为此，学校常年着力于科学教育研究和科技活动的开展，拥有现代化标准的科学实践室、劳技室，建有机器人室、创意工坊等特色实践教室。学校开设了STEM+课程和科学整合课程，编成《仿生机器人》等"阳光小创客"校本教材；聘请了江科大的教授、博士生担任兼职辅导员，共建车模、船模、机器人等50余个社团，每年组织兼具特色和创意的科技嘉年华活动，形成崇尚科学、鼓励创新的校园文化。

蔡艳校长告诉记者，在他们开启创客课程的时候，有很多人担心这只是一次赶潮流的行动。其实不然，创客最有生命力的地方在于"造"而不是"创"，这种舶来的文化理念对发展中国孩子核心素养里薄弱的科学素养非常有益。学校结合江苏省教科院"十三五"立项课题的研究，形成了"玩、造、创"的创客课程建设轨迹，关注学生"造"的兴趣、个性化的造物过程，关注学生的"创意"是否源自生活、是否有趣并能打动人。关注产生这些行动的"无用"学习，在玩、造的过程中自然而然地达到"创"这一目标。

在"创"中锻造科学素养

近年来，江科大附小在"阳光创客"精神的引领下，鼓励学生质疑、探究、创新、实践，将学校打造成孩子们快乐成长的"阳光创客之城"。

蔡艳校长告诉记者，阳光创客课程的核心是基于创客文化的项目化学习。在这样的思路下，学校对原有校园环境进行重新规划，结合课程建成了 4 个创新实验室。

同时，大力构建"阳光创客"课程体系，对科学、美术、英语学科进行嵌入式整合，在一二年级科学课开设玩创空间课程，在美术课开设创意瓷器课程，整合英语学科开设创客戏剧课程，并以普及课程的形式纳入课表，实践国家课程校本化。此外，与江科大蚕研所共同开发了蚕宝宝生命探索课程，通过种桑养蚕体验蚕桑种植文化，探索生物科技；在江苏科协专家指导下开设机器人课程，引导学生进行仿生机器人、WER 机器人、凤凰 EQ 机器人等项目的编程、制作、竞技，培养其科学兴趣与素养；与江科大船海学院合作开发船模航模课程，在制作船模、航模过程中学习体验工程学、力学道理。

蔡艳校长表示，该校"阳光创客"课程的特点之一就是乐于分享。因此，未来，学校还将借助于江苏科技大学开发的创客科技平台，开设"阳光创客空间"互动平台，建设集创客教师、创客学生和创客家庭三位一体的创客互动平台，并充分发挥家长、社区阳光创意联盟综合教育功能，形成独具特色的科创文化，促使每一个江科大附小毕业生骨子中都拥有独特的科创元素。

（作者倪蔚丹、唐守伦、姜木金，发表于2017年11月23日《镇江日报》第7版）

⭐✦✦ 学生成长体会

科学百事通诞生记

江苏科技大学附属小学六（3）班　张桐菲

在这个媒体无孔不入、资讯高度发达的时代，普通人上回电视已经不是稀罕事了。

我第一次上电视是学校组织我们在"城市客厅"广场为西部贫困儿童义卖的活动中，被镇江"民生频道"的记者"逮"了个正着。第二次上电视是参加江苏省首届公民科学素养大赛，这次我可不仅仅是跑龙套了，而是真正的主角。当全家人围坐在电视机前观看"优漫卡通"重播的比赛视频时，我的思绪一下子又回到了那个紧张刺激的比赛现场……

10月6日上午，江苏电视台的演播大厅灯光灼热，人头攒动，在进行着录制前的最后准备。听说导演班底是《非诚勿扰》的原班人马，现场评委大咖包括中科院的院士和省科协的领导等。作为全省小学组十强的我，此时此刻，表面上不动声色，内心却如鹿撞一般。"第一题是道主观题，本次大赛的主题是'让大众爱上科学，让科学服务大众'，请为本次比赛设计一条宣传语，时间一分钟。"当主持人宣读完第一道题目后，现场的空气仿佛就一下子凝固了，我的大脑飞快地运转着……"9号选手出答案。""9号？9号不就是我吗？"我赶紧亮出题板，我的答案最终定格在"用科学武装大脑，让生活更加美好"。现场的掌声让我提到嗓子眼的心稳稳地落了下来。

"接下来是一道选择题，以下被称为活化石的有：A. 水杉，B. 银杏，C. 三叶虫。"当主持抛出这一道题目时，我的脑海中如过电影般闪过一幅幅图画：高耸入云的水杉，校园里的那棵百年银杏树，《科学大众》杂志上的三叶虫化石图片……"两种植物一种动物，活化石？So Easy！"心里明白得很，可出答案的时候，却鬼使神差地选择了C，明明知道水杉和银杏是从远古到现在还存活的植物，却被三叶虫是个"活"物的概念给误导了结果，哎，真是一紧张成千古恨哪！

"获得科学百事通的选手有来自江苏科技大学附属小学的张桐菲同学……"当材料学家祝世宁院士把荣誉证书发到我手上的时候，我才意识到比赛已结束。多么紧张、难忘而愉快的一天啊！走出演播大厅，在外面焦急等待的爸爸给了我一个大大的拥抱。老爸语重心长对我说："不要只专注于冰山的美丽，要把目光更多放到海平面以下的部分，因为冰山在水里部分的大小才决定浮出水面的多少。"

仔细想来，之所以能取得今天这个荣誉，跟自己平时对科学的热爱和学校开展的各种科普教育和科学实践是分不开的。学校的"梦溪少年科学院""阳光创客城""STEM"团队都有我关注的目光和活动的身影。早在8月份，我们学校就成立了参赛领导小组，9月发动组织宣传，全校100%参加了网上竞赛答题，而我就是那个从全省近170万网上答题的选手中脱颖而出、幸运进入小学组10强、江科大附小众多热爱科学知识的代表之一。

高铁、移动支付、共享单车和网购这些被老外戏称为中国新四大发明的背后，无一不体现了科技与大众生活的紧密联系。当前，我们伟大祖国在诸多科学领域都取得了重大突破，不仅增强了我们的自豪感，更加深了我们对科学知识的热爱，作为小学生的我，唯有努力学习，才能拿到那把进入科学殿堂的金钥匙，加油吧，少年！

小创客发明创造案例

2017 年 8 月，我校甘宇同学提出的《关于提升共享单车对于未成年人安全性的建议》荣获省科学建议评选一等奖，甘宇同学也被评为"江苏省少年科学院小院士"。

甘宇同学将研究的视角落在风靡全国的共享单车上，对青少年安全使用共享单车提出了建议，极有现实意义。建议既有对管理部门的，也有对青少年的，建议的同时提出了科学可行的方案。甘宇同学经过前期观察思考、动手制作、实践研究、走访调查，现场动手布置展板，展示成果，互相交流，接受评委问辩，还要接受科学基础知识笔试，通过层层考验，因此才在激烈的"小院士"角逐中脱颖而出，跻身"小院士"行列。

关于提升共享单车对未成年人安全性的建议

江苏科技大学附属小学　甘宇　　辅导教师：江枫

一、建议的背景

2016 年以来，社会上出现了各种各样的共享单车。例如，ofo 小黄车、摩拜单车、永安行等共享单车。共享单车的大量出现，给人们的出行带来极大的便利，使得行人在短距离的使用上十分便捷。只要行人下载与共享单车相对应的 App，进行简单的注册，扫码即可打开一辆共享单车，进行使用。

但是共享单车的便捷同样存在着巨大的隐患，那就是对于未成年人使用共享单车的门槛相对较低，而未成年人的安全意识相对较低。

虽然未成年人可以轻易打开一辆共享单车，但是安全意识较低的未成年人可能并不会遵守交通规则，并不懂得公共交通的危险之处，在某些突发情况下控制力相对较弱，可能会发生让人惋惜的悲剧。

图1　永安行共享单车图

我在新闻报道中看到了关于未成年人使用共享单车时发生的交通安全事故，于是开始关注未成年人在使用共享单车时的安全性问题。经过我的研究，我向政府部门、共享单车运营商、共享单车的使用者提出了一些建议，可以提升未成年人使用共享单车的安全性，使得共享单车真正共享的是便捷和快乐，而不是潜在的危险。

上海首例不满12岁未成年人使用共享单车致死案例_新宋吧_百度贴吧

2017年3月27日 - 这起发生在上海惨剧再次引发社会对于共享单车使用问题的关注。这也是目前发生在上海的首例不满12岁未成年人...
tieba.baidu.com/p/5043... ▾ ❤ - 百度快照 - 评价

未成年人使用共享单车的最新相关信息

使用共享单车不能触碰法律底线

不满12周岁不能使用共享单车 4月22日下午，记者在郑州市二里岗街某小学附近发现，不时有小学生模样的未成年人骑着共享单车行驶在马路上，这些小学生...
大河网 1天前

热发展中的冷思考:十问共享单车"痛症" 和讯　　　　　　　2天前
儿童"共享"单车 担责也共享? 腾讯科技　　　　　　　　　5天前
共享单车事故受害者6成未成年 网易新闻　　　　　　　　4月12日
共享单车消费服务调查报告发布 大多数人... 新浪新闻　　　3月31日

图2　未成年人使用共享单车的新闻报道截图

二、建议的研究过程与结果

根据我的建议背景，我提出的问题是：如何提升未成年人使用共享单车的安全性。我采用的研究方法是问卷调查方法。我设计了两份调查问卷，这两份问卷的调查对象分别是未成年人家长和未成年人。每份问卷有 40 人进行填写。

第一份问卷是针对未成年人的家长，所包含的主要问题是：自己的孩子是否单独使用过共享单车？自己是否有意识地对孩子使用共享单车进行安全教育？是否对孩子进行过交通规则的普及？是否明确规定禁止自己的孩子使用共享单车？如果共享单车能够增强对于未成年人使用的安全性，是否愿意让自己的孩子使用共享单车？

这份问卷显示，10% 的父母知道自己的孩子使用共享单车，50% 的父母对于自己的孩子有使用共享单车方面的安全教育，40% 的父母对孩子进行过交通规则的简单介绍，45% 的父母规定自己的孩子不可以使用共享单车，55% 的父母允许自己的孩子在安全情况下使用共享单车。

第二份问卷是针对该家长的未成年人，所包含的主要问题是：自己是否有过单独使用共享单车的经历？一次使用共享单车的距离平均是多少？是否告诉自己的父母自己单独使用了共享单车？是否了解共享单车使用存在的安全隐患？是否对交通规则有一定的了解？

30% 的孩子自己单独使用过共享单车，平均的使用距离大概在 2 公里。在使用共享单车的孩子中，有 80% 的孩子没有告诉自己的父母，60% 的孩子了解共享单车的安全隐患，40% 的孩子表示对于交通规则有一定的了解。

通过以上的两份问卷，我们可以看到，父母对于孩子使用共享单车还是相对保守的，但是安全教育和交通规则的普及程度还不够。孩子在使用共享单车方面的比率相对父母所知道的较大，并且对于安全和交通规则的了解相对较少。

三、建议的具体内容

根据我提出的问题及进行的科学研究过程，得到了一定的结论。因此，我将分别向政府有关部门、共享单车运营商、共享单车未成年人使用者的监护人，共享单车的未成年人使用者提出如下的建议。

首先对于政府有关部门，其负责的是市场的引入，如果在引入这一端能够做一个好的筛选和控制，对于后续公众的安全意识和使用规范就有极大的帮助；反之，则会起到不良的作用。因此，我提出的建议是：希望政府在引入共享单车运营商的时候，对该运营商进行资质的严格审查，要求运营商具备对于未成年人使用共享单车的保护措施。并且政府要向公众进行呼吁及宣传教育，提升公众在使用共享单车过程中的安全意识，尤其是未成年人使用共享单车的安全意识。

其次是对于共享单车运营商的建议。共享单车运营商，是相对直接的对未成年人使用共享单车进行安全保护的主体。运营商可以通过技术手段改进和创新增强未成年人使用共享单车的安全性。我提出了如下几个可行的方法。

1. 手机号码注册共享单车 App，因为手机号码是实名制的。因此，可以对年龄进行判断，判断该用户是否为未成年人。如果是未成年人，则需要该 App 账号绑定至少一位成年人账号，则该账号才可以开启对共享单车的使用。

2. 在该未成年人账号初次注册的时候，会播放安全教育视频，然后页面出现若干选择题，作为一个安全教育测试。只有测试通过后，该账号才可以真正开通。

3. 即使有了绑定共享单的成年人账号，并且也通过了安全教育的在线考试，在每次未成年人开启共享单车的时候，需要 App 通知该成年人账号，使得该成年人对此次交易进行授权；否则，无法使用。

4. 如果未成年人通过了如上的 3 个步骤，并且已经开始使用共享单车，那么当该未成年人骑车到事故高发路段的时候，自行车将会通过开启提示灯有所提示，不仅可以让来往车辆知晓骑车人的年龄层次，也对于未成年人在此路段使用自行车的安全意识进行提示。

5. 未成年人使用共享单车的骑行路线将会发送至该账号所绑定的成年人账号，有助于该成年人对该未成年人的行车路线有所了解。

以上的方法是可以通过技术改进和创新达到的安全保护效果，相信共享单车的运营商有能力解决并且可以提出更好的保护方式。

再次是对于共享单车未成年人使用者的监护人提出建议，监护人必须首先提高安全意识，了解未成年人在使用共享单车时安全性方面的缺陷，主动对未成年人进行安全教育并普及交通规则，这是对于提升共享单车对未成年人安全性最直接的方式。

最后就是对使用共享单车的未成年人的建议，建议未成年人在有成年人陪同的下使用共享单车，建议未成年人在相对安全的道路范围使用共享单车。

如果政府有关部门、共享单车运营商及共享单车的使用者能够接纳我的建议，共享单车对于未成年人使用的安全性将会大大增强，让社会多一份平安与和谐，少一份担忧和遗憾。

基于北斗定位和温湿度测量系统的 密集人群预警监测仪

研究人员：刘蕾　　研究导师：刘岩

研究时间：2018 年 1 月

随着城市化进程的加快，城市公共场所人群聚集事件日益频繁，如节假日的商业街区、旅游旺季的旅游景点、春运期间的交通枢纽及大型社会活动现场。这些人员高度密集的场所潜在的危机隐患很多，由于没有有效的预警监测措施和设备，经常造成拥挤的踩踏事件。如2014 年 12 月 31 日，上海外滩的踩踏事件，很多游客和市民聚集在上海外滩迎接新年。由于人群过度密集，有人失衡摔倒，继而引发多人摔倒叠压，造成36 人死亡，49 人受伤。类似的事情在其他国家也屡次发生。这些灾难性事故的发生，对公共场所人群安全的保障提出了挑战。

目前，许多学者们对这类人群密集的突发灾害的防范已经进行了大量研究。一些研究是从人员疏散的角度出发，给出事后应急管理措施。也有学者引入了预警管理的思想，为密集场所的人群安全提供参考。如从客流预警的角度，通过直接观测和录像观测来防范危害的发生。然而在实际应用中由于受到测量环境和仪器精度的影响，很难实现有效的安全预警。为了解决这个问题，我们设计了一款基于北斗定位和温湿度测量系统的密集人群预警监测仪，它可以向政府应急部门提供更多的密集人群位置信息和密集人群的相对温湿度数据，以便研究局部密集人群与其他地域的相对温湿度异样情况，并能够准确定位异样区域并及时发出预警。北斗定位和温湿度监测系统，可以为整个预警监测仪提供精确的位置服务、流动人群相对温度和湿度数据，以及准确的数据采集时间。

我们的北斗密集人群预警监测仪的外观采用了火箭式外观设计，其中火箭的主体和助推火箭的箭身采用了 PVC 管和管接头制作。主火箭头、4 个助推火箭的箭头和 4 个喷嘴设计采用了 SOLIDWORKS 2014 三维建模软件进行了建模，并用 3D 打印机打印模型，最后把所有的部件进行拼装，并进行了外部美化和点缀。火箭的正面印有"北斗 100"字样，寓意我们国家的"北斗导航系统"世界第一。火箭的背面图标和文字则是"北斗导航系统"的 Logo 和英文简称。

整体外观

火箭顶部

火箭底部

案例荣誉：1. 2017 年 12 月，获得全国"北斗领航梦想"活动创
意设计三等奖

2. 2018 年 7 月，获得江苏省"红领巾创未来"活动
一等奖

3. 2018 年 9 月，获得江苏省青少年科技创新大赛
（镇江赛区）科技创新一等奖

展板小样：

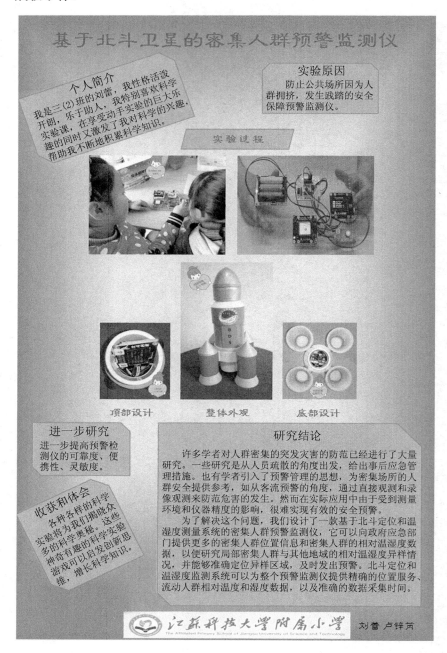

基于北斗卫星的密集人群预警监测仪

个人简介
我是三(2)班的刘蕾，我性格活泼开朗，乐于助人，我特别喜欢科学实验课，在享受动手实验的巨大乐趣的同时又激发了我对科学的兴趣，帮助我不断地积累科学知识。

实验原因
防止公共场所因为人群拥挤，发生践踏的安全保障预警监测仪。

实验过程

顶部设计　　整体外观　　底部设计

进一步研究
进一步提高预警检测仪的可靠度、便携性、灵敏度。

收获和体会
各种各样的科学实验将为我们揭晓众多神奇的科学奥秘。这些有趣的科学实验游戏可以启发创新思维，增长科学知识。

研究结论
许多学者对人群密集的突发灾害的防范已经进行了大量研究。一些研究是从人员疏散的角度出发，给出事后应急管理措施。也有学者引入了预警管理的思想，为密集场所的人群安全提供参考，如从客流预警的角度，通过直接观测和录像观测来防范危害的发生。然而在实际应用中由于受到测量环境和仪器精度的影响，很难实现有效的安全预警。
为了解决这个问题，我们设计了一款基于北斗定位和温湿度测量系统的密集人群预警监测仪，它可以向政府应急部门提供更多的密集人群位置信息和密集人群的相对温湿度数据，以便研究局部密集人群与其他地域的相对温湿度异样情况，并能够准确定位异样区域，及时发出预警。北斗定位和温湿度监测系统可以为整个预警监测仪提供精确的位置服务、流动人群相对温度和湿度数据，以及准确的数据采集时间。

江苏科技大学附属小学
The Affiliated Primary School of Jiangsu University of Science and Technology

刘蕾　卢锌芮

第六章　阳光创客团队的成长

◇ 第一节　从阳光教师到阳光创客教师的 2.0 跨越

阳光文化是温暖、明亮的，在阳光校园里成长的教师团队有着特有的阳光教师"文化场"。教师队伍以有爱心、有责任、有智慧为价值取向，旗帜鲜明地弘扬"四种精神"：即对教育事业的奉献精神、对所有学生的关爱精神、对教育科学的求真精神、对教育艺术的创造精神。全体教师以良好的敬业精神引领学生，以健全的人格感染学生，以严谨的学识风范影响学生，以不懈的学习探索带动学生。阳光创客文化建设后，阳光教师开始阳光创客教师的 2.0 跨越。我们在原有的阳光教师团队的基础上，建设基于项目的合作文化，在教学过程中更好地进行跨学科融合，同时鼓励学生跨学科解决问题。

1. 建立以课程为引领的个人专业规划机制

学校结合教师发展规划和拔尖人才培养计划，通过专项调查表，了解教师的专业需求和方向，为每一位教师量身定做阳光 STEM+教师发展目标。制定了教师个人专业发展规划的考核、奖励机制，拓展教师培训平台；鼓励教师结合自身实际情况，制订个人职业规划。引领教师主动地专业成长。

2. 创客教育对教师角色的影响

在传统的课堂里，教师是权威，是知识的传播者，是课堂的中心。在创客教育中，由于课堂结构更加松散，非正式学习的内容含量更大，往往没有固定的课程大纲，也没有规定的知识讲授程序，甚至有可能涉及教师不熟悉、不了解的知识，传统的教师角色显然不能满足创客教育的需求。创客教育是松散型结构，但并不代表教师的责任减少。在创客课堂里，教师将扮演新的角色，创客教育中仍然有相应的责任。首先，教师仍然是教学的设计者，创建创客空间，选择相关的项目，制订创客课题。其次，在完成创客课题的过程中，教师需要充当一个调节者和辅助者的角色。虽然教师不用直接讲授知识，但却可以用自己丰富的知识和阅历及时对学生进行引导，给学生提供适当的支持和帮助。此外，在学生互动合作的过程中，教师起着引导和激励的作用，让组织内形成良好自由的合作氛围。最后，教师还需要在设计学习环境、管理人员和资源、调控学生学习、提高实践质量等方面进行指导。的确，创客教育对教师的专业性发展提出了挑战。

发展教师，激励教师专业成长，需要有方向的规划、有管理地研修、有自主的空间、有温度的关怀，形成教师自主发展的内发源（阳光创客文化）。这样，才能找准教师自主发展的内生点，激发教师发展的内生力。学校首先开展了教师专业发展规划的调查（表1）。

表1　江科大附小阳光 STEM+团队专业发展及课程建设调查表（2018）

阳光 STEM+团队：向下生根，向上开花。沉淀中积聚前行的力量，成长中绽放各自的芳华。

基本情况	姓名	出生年月	学历专业	职称岗位	课堂教学最高荣誉	发表获奖最高荣誉	个人表彰		教学经历		交流意愿（已经交流不填）		
发展意向	教学发展方向				拔尖人才发展方向			管理发展			职称岗位发展方向		
	核心学科	年段	辅助学科	课程和社团	校级骨干	区级骨干	市级以及以上骨干	行政：			职称	岗位	学历
								教研组长：					
								班主任配班：✓					
特长风格	个人特长			拟开发课程			喜爱的专业发展方式（分点简述）						

注：教学荣誉、发表获奖、表彰情况写由高到低近五年实绩3项。拟开发课程是指开发学校课程体系之外的课程。

◇ 第二节　项目部、项目组与"招募令"

首先，"阳光创客课程"产生了新型的教师合作文化，促进了教师队伍的发展。学校的管理职能发生了变化。学校改变管理职能，有针对性地成立学生发展中心、课程发展中心、教师发展中心，做好服务、研究的指导工作。学校特别成立 STEM+项目部和阳光创意联盟，加大项目化管理，提升课程建设效能。

其次，项目化的课程建设形成了新的教师合作文化。我校将省"阳光创客文化"项目建设与省教科院"十三五"立项课题《创客学习的校本研究》有机结合，与名师工作室整合，相辅相成，成立银杏文化探索、玩创数学、戏剧英语、创意工坊、阳光 STEM+项目、活力校园、小创客成长、创想舞台等项目组。项目组把特定的项目与活动紧密联结在一起，构成具有整体效应的课程实践、课题研究、开发团队。这样，以超越不同知识体系而关注共同要素的方式来安排研究和实践，减少了知识的分割和学科间的隔离，不同知识体系的教师个体统一联结起来，共同围绕一个项目开展工作，形成了教师合作文化。

最后，在项目组团队的建设过程中，令人欣喜的是教师的关注点超越了侧重于某一领域的知识技能，从人的发展着眼，着力点放在学生各项关键素质的提升上，关注学生是否建立新的学习方式及在新的环境中的表现；在设计教法上综合考虑学生的综合素养，应结合孩子的亲身体验，力求通过动手操作等实践活动积累和丰富直接经验，培养学生的创新精神、实践能力，从而发展核心素养和终身学习能力。

2018 年年底，我们启动了小创客探秘蚕宝宝、破译一棵银杏树的密码、小创客的家庭实验室 3 个 STEM+项目组，首次采用了招募令的方式，让不同学科、不同年级、不同年龄的老师自主参与报名。一直担心无人主动参与的我，看到老师们积极参与，既惊诧又感动。老师们由被动的外因素引导（如制度、奖励等）到主动地参与报名，我们的阳光教师团队真正走向了 2.0 时代。创客的"开放、共享、兴趣、参与、设计"等文化因素也在教师团队中孕育生长。正因为是主动参与，所以项目组在后来整整一年的项目开发中，都显现了与原有教师工作状态完全不同的面貌。在繁忙的教育教学工作中，挤出时间参与研讨，在完全不熟悉的领域中互相学习，主动向专家请教，主动领任务，不同学科的老师共同完成作品。大年初一那天，我们项目组的 QQ 群仍在讨论项目的推进。

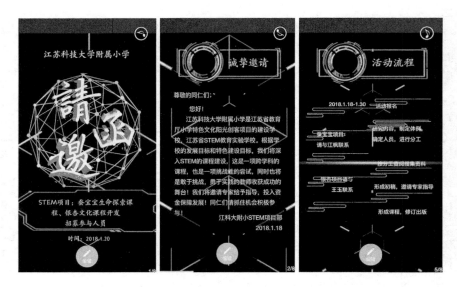

图1　STEM+项目课程开发招募令

✦✦✦ 发展计划

阳光 STEM+教师名师工作室及阳光
STEM+项目课程组发展计划

为进一步加强我校教师队伍建设，推动实施"名师培养工程"，建立健全优秀教师发展平台和培养机制，充分发挥名师的引领、示范、指导和辐射作用，进一步推进省级课题《创客学习的校本研究》向纵深发展，促进我校教师队伍整体素质的提高。结合我校实际，特制订了本计划。

一、阳光 STEM+教师名师工作室和项目组的职责任务

学校现以名师姓名命名的工作室有：孙晓庆体育工作室、王燕语文工作室；阳光 STEM+项目课程组有：银杏文化课程、思维、英语直拼、创意工作访（含劳技）、玩创空间、活力校园课程、阳光21日成长课程、创想舞台项目组。

阳光 STEM+教师名师工作室和阳光 STEM+项目课程组的主要任

务是培养、发展中青年教师，探究开展教育教学重点问题研究，在学校省级课题"科大附小创客学习的校本研究"的统领下，结合学科特色进行"创客学习"的教学策略研究，加强学科教学教研团队建设，引领学科教学健康发展。具体职责如下。

（一）培养培训教师

制订工作方案，工作周期内培养成员成为在某一方面学有专长、术有专攻的知名或骨干教师，促进其专业化发展，使学员形成自己的教育教学风格和教育教学特色。发挥其成员在本学科中的示范、辐射和带头作用，力争形成名优群体效应。

（二）教学指导

积极开展课堂诊断、问题研究、考试研究、专题讲座、课题带动、读书交流、观摩考察等活动，不断更新中青年教师的教育教学观念，提高他们的课堂驾驭能力，辅导他们在各级各项竞赛活动中获奖。

（三）课程课题研究

阳光STEM+教师名师工作室和项目组以负责人专长为基础，以成员集体智慧为依托，针对教育教学实践中的重点、难点问题，结合学校的主课题，进行相关"AWSN动感课堂"研究，探究创客学习特质的"AWSN动感课堂"，形成有效的教学策略："Activity"（体验参与），是指学生通过课堂实践、游戏、实验和艺术活动等参与学习设计；"What"（概念探索），是指学生通过视频课程、教学网站和在线讨论等探索相关的概念意义；"So what"（意义建构），是指课后学生通过完成测试、撰写博客、反思等形式完成意义建构；"Now what"（展示应用），是指课上学生通过有创意、个性化的项目和演讲，展示和应用学习成果，分享成果。工作周期内要申报1项市级研究课题并取得成果，撰写出一定数量的高质量教育科研论文或专著，促进学科教学的理论建设。

（四）成果辐射

负责人带领成员每学期开设公开课、培训讲座或教学论坛，以论文、著作、讲座、公开课、研讨会、名师论坛、校本教材等形式在校级、区级范围内介绍、推广阳光STEM+教师名师工作室和项目组的研究成果。

（五）网上建站

依托学校校园网站，建立专题网页，以互动的形式与学科教师交流教育教学信息，传播先进教育理念，开展网络教学研究和课程教学研讨，及时发布活动过程性资料，使学科教师有交流的固定平台。通过互动交流，实现优质教育教学资源的共享，缔结学科友谊，促进共同提高。

二、阳光 STEM+项目组负责人及成员的职责任务

（一）负责人的职责任务

1. 全面负责阳光 STEM+教师名师工作室和项目组的组建工作，制订工作方案和每学年工作计划，确定工作室成员的培养目标和针对性、实效性的培养措施。

2. 主动传授先进的教育理念和教学方法，发挥辐射和引领作用。对成员实施培训指导，引领成员提高综合素质。在任期内，培养本学科 3~5 名学校优秀教师，促进其专业化发展，使他们成长为学科骨干。

3. 每学期，本校内评课不少于 8 节，公开示范课至少 1 节，举办专题讲座至少 1 次。

4. 定期组织工作室学员开展理论学习及研讨，每月至少 1 次，并有研讨交流记录。每学期提交工作室活动开展情况总结 1 份。

5. 任期内，申报主持 1 项市级课题，至少有 2 篇研究报告或论文在区级以上期刊杂志上发表或获奖。

6. 及时整理和妥善保存活动记录、研究成果资料，接受年度过程性考核和周期终结性评估。

（二）工作室和项目组成员的职责任务

1. 遵守阳光 STEM+教师名师工作室和项目组管理制度，积极参加各种活动，善于向名师学习，不断改进学科教学，总结教育教学方法，与同组成员合作交流，共同成长。

2. 每学年初制订个人专业发展研修计划、学年末进行书面总结。做好各种研修活动记录，提交研修总结。

3. 每学期公开示范课不少于 1 节，积极参加区级以上赛课活动，提交优秀教学设计 1 份。

4. 不断钻研教育教学理论，每学期至少研读 1 本教育教学专著，每学年完成 2 篇教育教学论文并在区级以上报刊上发表或获奖。

5. 维护运行工作室网页，积极开展在线互动式研讨，为名师工作室或项目组网页提供动态的教育教学信息或资源。

三、考核评估

（一）对阳光 STEM+教师名师工作室和项目组负责人的考核

1. 考核内容。依据阳光 STEM+教师名师工作室和项目组的职责任务，主要考核工作室和项目组自身建设发展情况、在培养和指导教师方面发挥的重要作用、在教育教学科研中取得的主要成绩和负责人的职责任务完成情况等方面。

2. 考核方式。通过听取汇报、查阅资料、查看网页、调查访谈等方式，对名师工作室和项目组进行每学年一次的过程性考核和工作周期结束时的终结性评估。

3. 结果运用。考核的结果分为优秀、良好和不合格三个等级。考核达到"优秀"等级者，将予以表彰和奖励。

（二）对名师工作室和项目组成员的考核

阳光 STEM+教师名师工作室和项目组成员的考核由各负责人负责，主要从思想品德、理论提高、教育教学能力、研究能力等方面考察成员情况，分为年度考核和工作周期考核。对认真参加活动、业绩突出的成员，优先考虑给予参加高层次研修、学习考察、研讨和评优评先、晋职晋级等机会。

⭐✦⭐✦ 项目团队成员的成长感受

开发校本课程：一路跋涉一路歌

——记《破译一棵银杏树的密码》校本课程的开发

江苏科技大学附属小学　王玉

【摘要】2017 年，我校"阳光创客文化"获批江苏省特色文化建设项目，学校基于儿童需求，注重整合普及，开发课程资源。通过招募令，让教师自主选择、自主申报，形成多个项目课程组，银杏文化项目组就是其中之一。由学校操场上的百年银杏，我们确立了以"银杏"为内容的校本课程，思索其实施目标、内容与方法。注重多课程的整合，融入创客文化理念，制订贴切的评价量规。在项目组教师们的共同探究下，《破译一棵银杏树的密码》校本课程于今年3月由江苏大学出版社正式出版。我们，一群教者转变为编者，在开发课程上迈出了坚实的步伐。

【关键词】"阳光创客文化"　开发校本课程　银杏文化　核心素养

2017年，我校"阳光创客文化"获批江苏省特色文化建设项目，学校围绕立德树人的育人目标，基于儿童需求，注重整合普及，开发课程资源。通过招募令，让教师自主选择，自主申报，形成多个项目课程组，银杏文化项目组就是其中之一。这是着重于校内资源深度开发的语文学科综合实践活动项目化课程，以我校南操场上一株距今已有170余年历史的古银杏为研究项目，将语文、科学、地理、美术、劳技等多种学科加以整合，带领学生走近银杏树，了解银杏树知识，揭秘银杏树生长，探究银杏树文化。

在项目组教师们的共同探究下，《破译一棵银杏树的密码》校本课程于2019年3月由江苏大学出版社正式出版。手捧着第一次编辑成册的教材，我心潮澎湃，不禁想写下一些文字，铭刻一些记忆。

一、走近校本课程

刚听到校本课程，觉得那是离自己很遥远的事，在我们这样一所普通的小学，和我们一群普通的老师毫不相关。而通过参观、学习，自己的想法正发生着一点一滴的变化。

最初是在教师集会上，蔡艳校长向大家介绍了南京市凤游寺小学六足园的案例。一群同样普通的教师带领着学生走进昆虫世界，经历蝴蝶的生长过程，目睹蝴蝶的生长变化，记录下过程和经历。听后，有一种大开眼界之感，原来老师还能这样不拘泥书本，带领学生做科学家般的探究。

而后，有机会参观了江苏省锡山高级中学人文、"想象·创造"、巅峰体育等课程基地，武进清英外国语学校"阿福童医院""阿福童银行""阿福童机场"等课程基地，亲身的观摩让我对名校全新的理念、先进的设施、学科的融合和深入的探究有了更震撼的感受。

再后来，在学校校本培训时，校长以我校科技辅导员江老师指导五年级学生探究的"水培植物"为例，分享了这一项目化课程的来源、遇到的问题、解决的方法、自我的反思、设计的迭代及成功的乐趣，身边的榜样更有说服力，也让我初步了解了开发校本课程的方法路径，有了小试牛刀的念头。

学习让人觉醒，让人提升。通过学习，我发现原来开发校本课程并没有那么深不可测，校本课程开发是以《语文课程标准》及有关实施指导意见的基本精神为指导，根据学校自身的特点及可利用和开发的资源，由教师们自愿、自主开展的，旨在满足学生学习需求的课程开发活动。"校本课程开发简单地说，就是学校按照自己的教育理念对学校的部分或全部课程进行不同程度或层次的设计和开发。"① 校本课程开发，其意义主要表现在学校教师在课程决策中的地位的改变——从课程决策的消费者和执行者变为课程制订与表述的积极参与者，为教师的自主权和专业地位提供了政策保证。"无论从教师专业发展来看还是教师作为专业人员的权利来看，参与课程开发都应是教师专业生活的组成部分。"②

---

① "中小学校本课程资源开发的研究与试验"课题组. 校本课资源开发指南［M］. 人民教育出版社，2004.

② 王建军. 教师参与课程发展：理念、效果与局限［J］. 课程. 教材. 教法，2002（3）.

二、策划校本课程

看着别人开发的校本课程成果，心中充满了羡慕，轮到自己开发，又感觉困难重重。长久以来，我及我的同事们都习惯于执行国家统一的课程，缺乏课程开发意识，同时还缺乏专业引领，下面的路该怎么走？不怕困难多，就怕无作为。校长首先在全校教师中发布了"招募令"，让乐意探究的老师们自主报名加入。在短时间的迟疑之后，七八个志同道合的老师走到了一起，成立了"银杏课程"项目组。通过多次学习、交流与研讨，我们逐渐明晰了课程主题与整体框架。

确立课程：我们将视角锁定在校内一株高大挺拔的银杏树上，它历经170年风风雨雨，一直守护着江科大附小，给人以视觉上的冲击和精神上的震撼。作为学校的一宝，它见证着学校八十余年的发展历史，也承载着得天独厚的育人使命。十多年来，学校以"银杏之约"为名，成功举办了多届教育教学节，可爱的银杏娃娃每天迎接师生进入校园，"银杏"形象在每个师生的心中已经根深蒂固。而银杏树本身也很特别，它是最古老的孑遗植物，全身是宝，颇具研究价值。

【设置目标】

1. 通过了解银杏树的知识，培养学生搜集整理资料的能力，激发学生对银杏树及大自然的热爱之情。

2. 通过对古今描写"银杏"诗词美文的诵读、赏析，在学生心中形成多元化的银杏形象，让学生尝试写作，激发学生表达欲望，提升学生文学素养。

3. 通过开展动手、动脑活动，画银杏美景、做创意贴画、制作美食，激发学生学习兴趣，发挥学生潜能，提高探究能力。（后有调整，去了制作美食，增加了辨别雌雄球花、解剖银杏果、画银杏果的图谱。）

【研究内容】

1. 找银杏美景。细致观察银杏的四季生长，图文并茂地进行记录。探究银杏的生长分布及价值，开展"最美银杏风景"知识介绍。探究银杏的历史与校园的发展，了解银杏之最、银杏精神、学校起源，组织以"银杏"为主题的手抄报展览。

2. 诵银杏美篇。品析银杏诗文，开展"礼赞银杏"、"银杏诗苑"、诵诗会等诵读及赏析活动。

3. 书银杏美文。开展银杏习作活动：制作银杏名片、银杏的自述、我心中的银杏；开展银杏文化楹联大赛等。

4. 作银杏美画。与美术学科整合，欣赏以银杏为题材的绘画作品；组织"银杏叶"贴画活动，写下自己的创意；开展"四季银杏"绘画比赛；剪纸展览。

5. 做银杏美食。组织实践活动：采摘银杏果，制作介绍银杏果美食。（后有调整：去了这一点，增加了辨银杏花序，辨别雌雄球花，了解花序知识；解剖银杏果，画解剖图谱。）

实施方法：搜集整理资料、观察实践、小组合作探究、课堂教学、展览与评比活动。

三、开发校本课程

项目组的老师领了任务，便分头行动起来。在日常繁忙的教育教学工作之余，挤出时间搜集素材、查阅资料、思考内容等。节假日、下班后，项目组的 QQ 群还不时在闪烁，大家随时随地分享新的观点、新的方法、新的设想，在思维碰撞中摸索、反思、调整。渐渐地，我们的课程研究有了更明晰的方向。

1. 注重多课程的整合

《语文课程标准》提出"提倡跨领域学习，与其他课程相结合"，目前，许多学校都注重课程的整合，如清华附小的 1+X 课程探索；北京十一学校亦庄实验小学的全课程探索；重庆谢家湾小学的"小梅花"课程探索；常州部分小学试点"全课程"改革探索。注重多课程的整合，让教学内容更加丰富，让学生充分地参与、体验、探究，让课程充满活力和魅力。

我们将课程的内容定位为：着重于校内资源深度开发的语文学科综合实践活动项目化课程，视野更加开阔，不局限于语文学科，而将语文、科学、地理、美术、劳技等多种学科加以整合，带领学生走近银杏，了解银杏知识，揭秘银杏生长，探究银杏文化。（课程研究思维导图见图1）

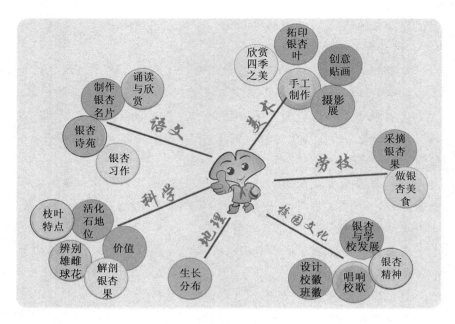

图1　课程研究思维导图

2. 融入创客文化理念

我们将课程的研究方式定位为：力求顺应儿童的天性，从"玩"入手，遵从学生的真实生活和发展需要，融入创客文化理念，项目化、跨学科地整合开发资源，建构课程体系和课程目标，引导学生从真实生活情境中发现问题，制订设计解决方案，并通过探究、服务、制作、体验等方式，培养学生注重自主发展、合作参与、创新实践等核心素养。

在每个章节中，力求从"玩、做、造、创"四个块面组织教学内容。玩中的"小问号"：在玩的过程中，发现问题聚焦发散；做中的"小探究"：在做的过程中，收集资料调查研究；造中的"小发现"：在造的过程中，设计制作指向实用；创中的"小快乐"：在创的过程中，变革发明展示应用。

例如，由我编写的"'臭臭'的银杏果"一章，第一稿中，让学生去体验，和长辈学做一两道用银杏果制作的美食，拍下照片，尝试从所需材料、制作步骤、口感和营养价值等方面进行介绍。而第二稿中，在玩中的"小问号"块面中，让学生围绕"银杏果"进行质疑，如每棵银杏树都会结果吗？为什么有臭臭的味道？银杏果里面是什么？有什么营养价值？在做中的"小探究"块面中去发现：生长在同一个地方的银杏树，有的树上挂满了果子，而有的却一个果子也没有，这是什么原因？探究出银杏树授粉繁殖的方法。在造中的"小发现"块面中，让学生剖开一枚银杏果，观察其结构。在创中的"小快乐"块面中，让学生尝试画银杏的解剖图谱。显然，这样的修改，"科学味"更浓了，让学生能运用科学的思维方式认识事物、大胆质疑、积极探究、善于发现，勇于创新，成为动脑又动手的小创客。

　　3. 制订贴切的评价量规

　　课堂教学评价能有效地促进学生成长、教师专业发展，提高课堂教学质量。我们的评价经历了从无到有、从有到优的过程。第一稿，我们用了统一的《小创客自我评价表》（表1），让小创客们从质疑、收集、合作、改进、创造等多方面进行自我评价，关注的面很宽泛，但对每一章节缺乏一定的针对性。我们感到，要真正落实和实现大目标，需要分解和细化一个个具体的小目标。项目组成员在蔡校长的带领下学习了寇海莲老师《评价量规的设计与应用》等文章，针对每一章节又重新制定了与教学内容紧密相关的《评价量规》，按1分、2分、3分三个等级进行评价（"臭臭"的银杏果评价量规见表2）。评价量规既是对学生学习结果的评价，更是对学生学习过程的指导，大大地激发了学生攻克难关的自信心、积极性。

表1　小创客自我评价表

评价内容	自我评价
提出问题	☆ ☆ ☆
收集了有价值的资料	☆ ☆ ☆
安全地使用工具完成实践活动	☆ ☆ ☆
与伙伴合作完成任务并进行了展示	☆ ☆ ☆
听取伙伴的建议改进了作品或实验报告	☆ ☆ ☆

评价内容	自我评价
懂得了知识和原理	☆ ☆ ☆
结合所学知识，有自己独特的发现或发明	☆ ☆ ☆
我获得了　　星，下节课我会更棒！ 这一章最大的收获是：	

表2　"臭臭"的银杏果评价量规

项目 ＼ 分数	1分	2分	3分
提出问题	探究意识不强，能提出问题，研究价值一般。	有一定的探究意识，能围绕银杏果提出几个有价值的问题。	有浓厚的兴趣，围绕银杏果大胆地提出有价值的问题，并有兴趣进行进一步的探究。
收集资料	进行初步的探究，收集资料针对性不够。	围绕问题进行初步的探究，收集了资料。	围绕问题进行深入的探究，收集并整理了有价值的资料。
分工合作	分工不明确，每个成员没有团队合作意识。	有基本的分工，成员有一定的团队合作意识。	有明确的分工，成员合作意识强，合作效果好。
解剖银杏果	操作不够规范，观察不够细致，表达含糊凌乱。	操作基本规范，较细致地观察银杏果的结构，能大致表达。	操作非常规范，细致观察银杏果的结构，能清晰准确地表达。
画解剖图谱	看例图较随意，画解剖图谱简单草率。	从例图得到启发，能正确地画出解剖图谱。	举一反三，能正确、美观地画出解剖图谱。

　　开发校本课程是一项全新的体验，在编辑过程中，也有一些令人难忘的时刻：外出交流的教师，每逢研讨日总是早早地回校，不顾奔波劳顿，立刻进入状态；春节放假期间，外出访友的老师，接到电话得知需要修改，便匆匆告别朋友，回家打开电脑；为了图例的准确，

老师们在美图中反复调试，一丝不苟；为了专业术语表述的准确，我们不厌其烦地向江科大的生物老师请教……一稿，二稿，三稿，小到一处标点的修改，大到一个章节的否定，每一处都倾注了我们团队每位教师的心血。

四、反思校本课程

历时一年，《破译一棵银杏树的密码》终于正式出版，与广大师生见面了。我和几位教师走过了一个自我挑战、自我超越的历程，有了一次全新的体验，其中，有"山重水复疑无路"的烦恼与迷茫，更有"柳暗花明又一村"的惊喜与幸福。

校本课程的开发提升了学生的核心素养。相对国家课程而言，校本课程让学生具有更多的选择性，更关注学生的参与体验，动脑动手，它充分让学生张扬了个性、施展了才华、激发了潜能。我校"小创客"系列丛书为三册，分别为《小创客探秘蚕宝宝》《破译一棵银杏的密码》《小创客的家庭实验室》，而《破译一棵银杏的密码》这本书，带领学生在"玩、做、造、创"的行动轨迹中，探究银杏的枝、干、叶、花、果实，以及它的生长、年龄、地位与价值。学生从研究一棵树到学会探究更多的树种，显现了创客文化的精髓，培养了学生的科学精神、学会学习、实践创新等核心素养，具有深远的意义。

校本课程的开发促进了教师的专业发展。教师在具体开发课程的过程中，通过阅读、整理大量的资料，进一步完善了自己的知识结构，提升了制订课程目标、确定课程内容、实施课程、评估课程等多方面的能力，真正成为开发课程的参与者、研究者。同时，校本课程的开发也促进了教师专业团队的形成。开发课程单靠某个人来完成是不可能的，从校本课程目标的设计、教学活动的组织、课程资源的选择、课程内容的处理到教学方法的选用等方面，都需要教师集体的智慧和力量。每位成员分担一个课程子项目，开展交流，筹谋划策，资源分享，互相鼓励，也互相"找茬"，在频繁的研讨中，形成了研究性专业团队。

习近平总书记说："只有奋斗的人生才称得上幸福的人生；奋斗者是精神最为富足的人，也是最懂得幸福、最享受幸福的人；新时代是奋斗者的时代。"此次校本课程的开发虽然很辛苦，但付出总有回报，《破译一棵银杏的密码》的出版让我们品尝到了作为一名研究者的幸福。校本课程的开发充分激活了教学资源，提升了教师的专业素养，促进了学生的发展，为提升学校办学品位奠定了坚实的基础。

开发校本课程，一路跋涉一路歌。这，绝对是一次有意义的尝试与突破。

（本文获得江苏省基础教育研究所案例评比二等奖）

第三节　"银杏书院""阳光读书班""金阳光悦读导播"

一、银杏书院

不论是从丰厚积淀个人素养发展，还是从专业成长的角度，阅读都是教师成长的重要途径。阅读是教师成长的必由之路，是教师"最长远的备课"，阅读是值得教师终身坚守的事情，是教师团队专业发展的重要内容。我们以学校文化符号——古银杏为名，渗透书院文化，融合创客精神，创建了"银杏书院"。

书院起源于汉，兴盛于唐，历唐宋元明清而不衰，补官学之不足，兴私学之鼎盛，是我国传统文化传承的重要载体。书院与教育息息相关。在传统书院中担任教学工作的，多是德高望重、知识渊博的长者，如教育家、哲学家朱熹便是其中的杰出代表。他们会用有温度的方式教育和培养学子，有教无类、因材施教，用人格的力量去传承中华文化。千百年来，书院教育所表现出来的哲学思想、人文精神、教化功能、道德理念等，集中体现了中国传统文化里对个体修为、人格培养和塑造的积极作用。书院大多采用体验式教学形式，教学内容以传统的儒家经典为主，这些教学内容以修身为重。虽然在每个时代，书院的功能不甚相近，但各代书院注重的人才综合性发展，一直是其共性。书院教育的方式除了读书、教书外，还有讲书、校书、刻书、著述、交流等内容，均围绕人的修身、处事、学问、思辨而进行。书院的内容形式及书院精神对于培养教师专业发展切合而有益。

根据书院的功能，我们对银杏书院建设的内容进行了规划，着重建设以下三个内容。

1. 银杏论坛

以落实社会主义核心价值观为主要内容，围绕"立德树人"，开展研讨活动。

以教育教学、教学管理的热点、疑惑点、难点为主要内容，百家争鸣，交流论道辩理。

2. 银杏讲堂

以治学为主，讲述者为各方面的专家、学者，或是有成功经验的同仁，专家进行理论层面上的指导。

以交流为主，讲述者来源于我们身边的老师、家长、学生，讲自己身边的故事，交流实践层面的经验。

3. 银杏之约

有主题的教育实践平台。每年确定不同的主题，邀请各方面的名家以课堂教学为主要形式，进行教学交流。

2019 年 3 月 12 日植树节，我们在镇江市图书馆的文心讲坛举行了大市的阅读推广活动。在此次活动中还推广了由我主编的记录着书院里的阳光教师专业成长的书籍《银杏书院——书院里的阳光创客教师》。在活动开始，我以"无形的书院，自由的阅读"为题介绍了银杏书院。

书院，有形，宋代学者王应麟在《玉海》中言："院者，垣也。"书院即矮墙围起来藏书之所，也就是今天我们所在的这个地方：图书馆。古之书院，常建于幽山清涧，古木参天，馆设幽深。名家雅士为"志"或"趣"聚于此，修行问道，谈古论今。

书院亦无形，天下闻名之睢阳（应天府）、岳麓、白鹿洞、嵩阳，经不住时光久远终成寂寥屋舍；昔日惨烈东林，只留对联"风声雨声读书声，声声入耳；家事国事天下事，事事关心"，然而，世代书院之爱国重道，弘德尚书，尊学术之自由，引百家之争鸣。所传递的书院文化却生生不息、弦歌不绝。

今之京口虎踞桥畔，陌院窄巷中，百年银杏下，琅琅书声里。银杏书院落地成形，书院里的阳光教师读书、上课、研讨，带着孩子们游戏，涵阳光之气息，以自由之阅读，丰盈心灵之自由，教之为人之道和为学之方，成已成人。

光阴荏苒，银杏年年硕果，书院师生交替，仁爱通和、刚毅诚信、博厚恒远却始终停留。我们银杏书院的故事已编辑成册顺利出版，付梓为志，伴书与同仁共前行。

阅读，点亮教师前行之路

——京口区阅读工程启动活动

人间最美三月天。2019 年 3 月 12 日，由镇江市教育科学研究中心主办、京口区教师发展中心协办、江苏科技大学附属小学承办的"2018 我的小语故事暨京口区阅读工程启动仪式活动"，在镇江市图书馆隆重举行。《江苏教育》主编张俊平、江苏省语文研训员李亮、江苏省特级教师李响、镇江市小学语文教研员江苏省特级教师张晨晖、镇江市京口区教育局局长郭先武等受邀亲临现场，京口区中小学校长书记，京口、润州、新区、丹徒、丹阳、句容、扬中等区的教研员及观摩教师共 200 余人参加了此次活动。活动分为"银杏书院里读书事""专家讲座""特级教师诗词教学观摩""2018 我的小语故事"四大板块。

阅读启动仪式上，《江苏教育》主编张俊平作题为"读书这件事"讲座。他从"阅读典籍的意义""阅读书籍的种类""阅读书籍的方法"三方面展开。他引经据典，以名人、名著、名校典故向大家阐述阅读的重要性；他推陈出新，与老师、教育管理和研究人员及时互动、表达观点、分享心得，让大家在主动建构中学习收获；他推己及人，建议教师以阅读书目为依托，多读教育、历史、传记等书籍，做一个有书卷气的教师。

京口区教育局局长郭先武在启动仪式上致辞。他首先介绍了京口区在阅读方面取得的成绩，描绘了京口区阅读美好前景。未来，将读书按"工程"项目规划，从过去各学校多点开花，向全区统筹整体推进。他希望通过阅读工程，让教师愿读书、爱读书、会读书，带动孩子读书，让师生阅读成为每一所学校的风景线。

江科大附小蔡艳校长文质兼美的话语道出了附小这座无形书院中教师们自由的阅读，分享了学校阅读工程经验。科大附小教师交流了自主阅读、师生共读、亲子阅读、自由阅读的快乐历程，学生们则以情景剧的形式讲述了"金阳光"悦读导播中的幸福体验。

下午，江苏省特级教师李响和江科大附小六年级的孩子们共同展示了诗词课堂教学《长相思》。师生精彩的朗读、纷呈的对话描绘出将士跋山涉水、风餐露宿之苦，道尽了身在军帐、心飞故里的相思之苦。纳兰性德一阕《长相思》波澜了人们的世界，李响老师的课堂给听课教师内心掀起阵阵涟漪。

2018"我的小语故事"在两位主持人回顾三年的国培时光中拉开帷幕，来自大市的八名语文骨干教师走到台前，声情并茂地回顾了过去一年刻骨铭心的"小语"教学故事。在小学语文这片"芳草地"，他们谈"成长喜悦"、说"团队温暖"、话"读写向上"，一张张照片、一段段文字无不记录着每一天的小语生活。

江苏省语文研训员李亮博士亲临现场，陪伴大家回顾了镇江小语人的2018。他希望学校管理人员、市区级教研员发现身边教师与阅读相伴的美好故事，发现不断成长的教师个人和群体。

最后，镇江市小学语文教研员张晨晖老师肯定了2018年镇江小语人的努力付出，希望更多的教师加入到阅读的行列中，在读书、思考和写作中收获不一样的青春年华。

恰逢植树节，今日我们播下阅读的种子，将来我们收获的是丰盈而幸福的人生。

二、阳光教师读书班

我们结合实际设置了《阳光教师读书班的教师专业成长活动方案》，阳光教师读书班与我们以往的读书活动不同的是：共同推进，激励碰撞，联系实际，深入阅读。我们通过个人意见征询及有针对性的选择，确定阅读书目。通过一书多人读的方式，形成读书团队，确定读书时间，共同交流读书感受，将以往零散的读书转变为有任务的专题读书，将基于个人的浅层读书转变为建立在群体共读的基础上的深层次阅读，将单纯的读书转变为读书与教学工作紧密联系。

在阳光读书班的管理和实施活动中，我们将参与读书班的情况纳入教师发展绩效考核，保障了读书活动的效能。在形式上，我们广泛征询意见，突出"悦"，保持读书活动的持续性。自主选书，让老师们选出自己喜爱读的书目；搭台朗诵，展现教师的风采；线上交流，深化思考；专题奖励，激励进步。以各种形式，让老师们轻松地读、有思考地读、有成长地读。一年又一年的阳光教师读书班活动继续前行，老师们在银杏书院里润泽着书香，汲取着向上的力量。

✦✦✦ 阳光教师读书班方案

"阳光旅程——美的积淀"阳光教师读书班方案

一、活动目的

阅读是教师专业成长的有效途径。教师精神成长，需要丰富的阅读滋养；教师专业发展，需要经典的教育专著引领。为了全面提升我校教师队伍整体素质和教育教学技能，根据书香校园创建要求，开展教师读书系列活动，希望教师在且读且思、且思且行中汲取他人的经验，不断完善自我，成就自我。

1. 丰富教师业余生活，让生命在阅读中更加精彩。营造教师读书氛围，使每一位教师在阅读中开阔视野，增长知识，丰富内涵，提高教书育人的能力。

2. 通过撰写读书心得，开展读书沙龙活动等，在交流中激发智慧的火花，切实解决教育教学中的问题，提高教师专业水平，使教师成为"有思想的教育者"。

3. 搭建专业发展平台，共同学习，更新观念，丰富教育智慧，促进教育创新。形成进取、互学的氛围，积极构建学习型教师团队。

二、活动主题

阳光旅程——美的积淀

三、活动流程

（一）教师自主阅读

1. 学校选择经典书籍赠送给老师，老师在假期开展自主阅读。

2. 教师阅读后，完成一篇原创的读书心得。

3. 在活动中推选出参加全校读书沙龙活动的中心发言人 1~2 名，并要求中心发言人做好现场发言的准备。

（二）全校交流分享

1. 我声飞扬

现场配乐朗诵经典篇章。可以独诵，也可以合诵。既可以是在沙龙圈里的中心发言人，也可以是现场的老师。

2. 我读书的那些事儿

现场交流读书经历的故事，读书过程中的心得收获，读书与工作、生活的联系，读书的方法和时间安排，自己对读书这件事的个性观点……

3. 不动笔墨不读书

现场展示教师不同形式的读书笔记和评选出来的优秀读书心得。作者现场畅谈自己积累和创作过程中的点点滴滴。

4. 书韵流香，你我共赏

现场相互推介好的书目，为老师们提供更大的选择平台。

四、活动要求

1. 各组活动要认真组织，每个人发言时间不超过 5 分钟，要谈自己内心真实的感受和想法。在有限的时间里，高效地、有条理地、比较轻松地把自己要表达的内容说清楚。

2. 中心发言人要按活动流程和活动中的一些话题，做好充分的准备。现场交流的时候尽量不照着稿子念，以谈话聊天的形式，轻松表达。为现场营造一个愉悦、轻松、有激情的分享空间。

3. 在现场的交流过程中，每个环节都有台下老师交流的时间。每位老师都要按照活动内容做好发言的准备，在活动中积极发言。

4. 现场"经典篇章朗诵"这个环节要活动前做好准备。每组准备一个篇目的朗诵，时间不超过 5 分钟。在分组分享活动结束后，各组要把朗诵的篇目、人员、形式、音乐等信息上报教科室。随后，教科室将组织人员逐一观看审定。

5. 各组在分组分享活动结束后，将有读书笔记或摘抄的老师推荐给教科室。

6. 有优秀书目推荐的老师，分组分享活动结束后，将书目上传给教科室。

7. 电教中心负责活动现场的音响设备和摄像工作，办公室负责活动现场的照相工作。

五、颁发阳光之旅最美积淀优胜者证书

活动环节说明表

活动环节	活动任务
教师自主阅读	1. 交流分享读书心得
	2. 评选读书心得
	3. 推荐中心发言人
	4. 推荐经典朗诵篇目
	5. 推荐有读书笔记的老师
	6. 上传优秀书目
全校交流分享	1. 经典篇目朗诵
	2. 读书心得交流
	3. 读书笔记和优秀读书心得展示交流
	4. 优秀书目推介
	5. 活动总结

教师共读《一间辽阔的教室》读后感选摘

唤醒，让教室更加辽阔
——读《一间辽阔的教室》有感

王燕

《一间辽阔的教室》是南师附中周春梅老师所著的一部教育随笔录，内容源自周老师教育教学和生活点滴及其引发的思考。她用女性温柔的视角、细腻的描写，表达了师者对学生的爱、对教育的理解、对语文教学的执着和思考。

本书共分六辑，辑一，温暖的橙色，记录了课堂与学生相处的点滴，细腻动人；辑二，红色的蛇在飞翔，讲述了为师者守护孩子童年的经历，爱意流淌；辑三，教室应当是辽阔的；辑四，敬畏之心是如何失去的，这两辑是对当下教育的描述，引人思考；辑五，读着读着天就亮了；辑六，因为阅读，我感激并热爱生命，这两辑展现了周老师丰富的阅读旅程。

阅读周老师细腻的文字，会有一种被唤醒的感觉，充满生命张力的文字在我平静的心湖溅起了阵阵涟漪。

一间小小的教室，陪伴孩子们度过童年、少年、青年的时间，这小小的教室里，各科的教师能否搭建起小教室和大世界的联结呢？这小小的教室里，几十个孩童的心灵能否尽情地释放展示多样多彩的人性、喜好和追求？这小小的教室里，除了学习知识、培养能力外，是否还关注生命的美丽和责任的担当？

静下心来回顾自己的教学，观察我的教室，不禁惊觉：在应试的道路上，教师被各种大大小小的练习、花式作业追赶的时候，在各类调研紧逼的时候，在各项检查随时来临的时候，我更多的传授着快捷掌握知识形成能力的程式化的方法，更多的关心学业、关注分数，这样的偏颇让学习变得机械而无趣，让思考限于表层而肤浅，让教室变得逼仄而呆板。长此以往，一个充满好奇的天真儿童，就变成了"闭目塞听"的"塑料儿童"，一片辽阔的天地被压缩成了苍白扁平的世界，写作也就变成了堆砌好词好句与修辞的技术性操作了。

在合上书的那瞬间，我忽然觉得周老师用自己的亲身经历在唤醒周围的教师，她唤醒我对辽阔教室的理解，唤醒我关注曾被忽视的人性美，唤醒我对生命的尊重和敬畏，唤醒我对阅读的长期坚守……美美的想象，我们每一个教师都拥有一间辽阔的教室，在教室里站着拥有职业梦想的老师，她充满了对人文科学的热情、对生命的热爱、对美丽的敏感，用自己不断的努力唤醒并点燃着一群群追梦的孩子。唤醒孩子们去尝试挑战的勇气，激发学生追赶梦想的热情，鼓励孩子品味活动的乐趣。在一间辽阔的教室里，我们更可以像周春梅老师那样：包容沉默，因为沉默是一种权利；允许课堂上睡一会儿，因为人都有休息的权利；更可以纵容没有听讲但在阅读的行为，因为阅读才能点燃少年的心，让他们朝着明亮的那方行进……

让每一个置身教室的师生能自由地呼吸、自由地想象、自由地表达、自由地释放……在这间教室让教育回归人性、回归生本、回归自然，这也许就是我所理解的"一间辽阔的教室"最本真的内涵吧！

以周春梅老师的一段随笔与大家共勉：

急于给学生一片天空，实际上还是给了他们一只鸟笼。

有的鸟笼一眼就能看见，

有的则装饰得很美，掩映在绿树丛中，不易发现。

更可怕的是，明明给了学生鸟笼，还坚定地相信那是天空，

将自己和学生一并囚禁在鸟笼中，

自得地歌唱。

心中装着学生，教室无限辽阔
——读《一间辽阔的教室》有感

张俊妹

周春梅老师特别真诚。高中的学生，有很强的直觉和判断力，他们或许只需要几节课、几天的时间，就能够判断出一位教师的学识水平、为人处世的特点，并以此来给自己定位，确定自己应该以怎样的姿态来应对这位教师，来面对这门课程。师生关系是教育的基石，也是学科教学的基础，当学生感受到教师的这份真诚时，他们自己就会逐渐剥离那些将自己包裹起来的层层防身"盔甲"，以坦然的心态来面对学习。

真诚是伪装不来的。一位教师，在带一届学生的过程中，要和学生有多少交流、要讲多少话、做多少事情啊，教师不可能始终将自己装在套子里，用另一个面孔来和学生沟通。作为一名语文教师，不擅长"拉家常"似乎有点不合常理，但这就是事实，周老师

自己并不刻意回避，而且会很坦诚地告诉大家。学生看到老师如此真诚，首先想到的是我可以帮老师做些什么，于是要想到用自己来引出一些话题，让"拉家常"式的沟通和交流可以很自然地进行下去。你看，因为教师的真诚，促进了学生的积极参与、主动参与，不仅没有影响话题的进行，还增进了师生之间的情感认同。每一位教师都有自己的长处，也有自己的薄弱之处，正是这些不同，凸显着教师的个性特征。

读《一间辽阔的教室》有感

王玉

南师附中周春梅老师用深入浅出的文字，记录着每一次教育感悟，很寻常的人和事都成为她笔下的一景。《给孩子一只倾听的耳朵》提醒我们，别对孩子的心声"不理不睬"，那心声可能用声音传达，也可能用文字记录，更可能蕴蓄心中，无声而丰富，等待沉静而耐心的听者；《雪花飞》让我们更珍惜每一天的语文课堂，与一群单纯热诚的孩子一起"奇文共欣赏，疑义相与析"，共同营造这方美好而丰富的小世界；《"哎呀！"》告诉我们，要将"生活、情境、游戏"融为一体，在生活与活动中学习语文，体味语文。对美的欣赏、对生命的呵护、对自然的珍视等，无须多言，自会浸润孩子的心灵；《天空中飞过一群大雁》又引起我们的反思，为何会让充满好奇的儿童变成"闭目塞听"的"塑料儿童"？为何会把辽阔的天地压缩成了纸上苍白而扁平的世界？"课堂能引发无尽的想象，思绪会飞往遥远的未来，当学生回望童年、少年和青春的教室……辽阔的空间尽是梦和诗。"书中一篇篇短小的随笔情透纸背，凝结着教育智慧和人性之美，让我们感受到教室的辽阔，更感受到周老师教育境界的辽阔。

什么叫言传身教

——读《一间辽阔的教室》读书心得

李冬萍

正如吴非先生在这本书的序中所言的："我觉得是诗，长期在高中教学，还有梦，真好。""课堂能引发无尽的想象，思绪会飞往遥远的未来，当学生回望童年、少年和青春的教室，辽阔的空间尽是梦和诗。""周春梅老师是受学生敬重的教师，很多学生毕业后仍然怀念她那'有光'的课堂，把师从于她作为美好的青春记忆。"

可以想象，在周老师的每一堂课上，都可以寻觅到远起于《诗经》那个年代的久远的诗的感觉，无论是课堂，还是在文学社的活动中，只要有周老师的身影，就一定有诗的影子。对于一位受学生敬重的老师来说，如果她能够化身为诗的代言，本身就是美的化身。哪一个孩子不愿意追求美呢？哪一个孩子的童年、青少年不向往美呢？学生们在周老师的影响、带动之下，喜欢上了诗，喜欢上了学习语文，当然也喜欢上了周老师。不管他们将来走到哪里，他们的内心一定都会烙上周春梅老师的印记，这样的老师才是真正值得尊重的老师。什么叫言传身教，什么叫为人师表？从周老师的身上就可以找到答案。

倾听花开

——读《一间辽阔的教室》有感

黄丽萍

翻开《一间辽阔的教室》，读着那一篇篇随笔，感动于周春梅老师对学生的用心用情，感动于她对学生的真诚，她的眼里、心里装的都是孩子。

作为老师，我们不能只关注学生的成绩，我们需要和孩子交流互动，需要和孩子进行情感沟通，需要关心孩子的身体健康，需要关注孩子的心理……我们的眼里、心里也要装着孩子。

心里装着学生的我们首先学会真诚地倾听，倾听学生的声音、倾听学生的心声，给孩子一只倾听的耳朵。

作为语文老师，在课堂上我们要学会倾听。课堂上我们常常犯的错误是自己的语言过于啰唆，过于关注教案，而没有真正让学生做课堂的主人，倾听学生的回答，关注学生的状态。我们总希望让学生认真听讲，而不知老师也只有倾听才能走进学生的心灵，了解学生内心的需要，为孩子留下一片自由表达的空间，为孩子带来或许早已被教师淡漠的尊严。在倾听中，师生理解沟通，在潜移默化中让学生乐于倾听，善于倾听，最终实现教学相长。

读《一间辽阔的教室》有感

孟爱萍

暑假里，我读了南师附中周春梅老师所著的《一间辽阔的教室》一书。这是周老师的一部教育随笔集，内容多是在教学中所引发的点滴思考，以及对语文、教育、阅读的感悟。周老师有着女性教师禀赋的细腻母爱，高屋建瓴的思考视角，宽广的阅读视野，以及一个教育者的灵敏之心。她用深入浅出的文字，记录着每一次教育中的感悟，储存着学生带给她的温暖记忆。

上了一节课，快要结束的时候，教师一个惯常的做法是要求学生对所学内容进行总结。原本很活跃、话语很多的学生，一听到要总结，一下子就没话说了。教师是从教学设计、教学流程的完整性来考虑的，但却没有意识到不同的学生对同一个文本的理解并不相同，正如一千个读者就有一千个哈姆雷特，为什么一定要让学生"统一思想"呢？

想要在教育事业上成名，或只是坚持走自己的教育之路，需要的不仅是师德高尚、业务精湛，还需要能创造、会引领，让师生都在潜移默化中得以熏陶，成为更好的自己。师德用爱去塑造，业务能力用辛勤努力去提升，而能创造、会引领需要的则是教师的一颗灵性的心，去阅读、去思考、去实践、去总结。教育本就是一场漫长的修行，教师如何更好地涅槃自己、渡化学生，大概就是终其一生的追寻吧！

读《一间辽阔的教室》有感

陈明芳

翻开《一间辽阔的教室》，我不禁震惊了。书中没有豪言壮语，没有惊天动地的大事，有的只是一个个平平常常的小故事，一段段波澜不惊的阐述，一句句耐人寻味的思索。周春梅老师将日常生活中看似微不足道的琐事娓娓道来，读后却有一种余音绕梁、意犹未尽的感觉。

周老师抓住了转瞬即逝的灵感，用心去体会、去感悟，将自己看到的、听到的、想到的记录下来，把生活变成了文字。她将生活中的点点滴滴融入了自己的理性思考，给平平常常的小事染上了属于自己的色彩，注入了生机与活力。课堂活了，生活亮了，人生也精彩了。

教师的视野应该是开阔的，开阔的视野才能捕捉到生活的闪光；教师的思想应该是丰富的，丰富的思想才能对生活有深远的感悟。教师的思想深远了，课堂才能多姿多彩，教室才能被无限放大。

读《一间辽阔的教室》有感

尹乃祥

在读《一间辽阔的教室》这本书的过程中，周春梅老师如水般的语言和深厚的文字功底令我折服，而这与长期的阅读积累是分不开的。她和学生一起逐句朗读长诗《星云》，诵读"摇曳无穷，情味愈出"的古乐府，传阅绘本，读童话故事，读小说……就像她自己说的："与学生一起认真阅读原著，真诚交流，是最好的语文教育。"设想一下，一位热爱阅读的教师，带领学生走进一个广阔无垠的阅读世界。而学生的少年视角、不同观点，又会给教师许多新的启发。"如切如磋，如琢如磨"，教学相长的愉快，尽在其中。

生活将激起美丽的浪花，课堂能引发无尽的想象，思绪会飞往遥远的未来。身为教师，我们要做生活的有心人，做课堂的引领者，做思绪的放飞者，将我们有限的教室无限放大。以上是我对这本著作的一点浅薄的读后感，正所谓学无止境，我的教学生涯还有很多年的路要走，自己也希望能汲取更多一点的知识，对自己的教学方法和教学素养也是一种促进。

三、金阳光悦读导播

教师自己读书，更应成为阅读的引导者。2016年，我校建立了金阳光悦读导播活动。这个活动是由教师担任阅读导航者，与学生共读书、共交流读书心得的活动。每周，我们用海报的形式，在校园里提前预告阅读的内容，担任金阳光悦读领航员的老师和担任悦读导播的学生团队，引导师生提前阅读，每周五金阳光悦读导播通过线上广播的形式播出节目。作为校长，我担任了第一期悦读领航员，引导孩子们阅读了美国马迪尼斯的绘本《你很特别》。在后续的时间里，我们各个学科的老师都带领着不同的悦读团队，通过有趣介绍、读后感交流，把一本本好书推荐给全体同学，好书到了班级，还有的到了家庭，到了更大的社区，金阳光悦读导播至2019年已播出了近100期。

✦✦✦ "悦读" 课程方案

江苏科技大学附属小学 "悦读" 课程方案

一、阅读目标

我们的目标就是让读书成为学生的习惯，让书香陪伴学生的成长，为了这个目标，我们一直在默默地努力着，在校园内播撒读书的种子，强化阅读的理念，营造阅读的氛围，构建阅读的课程，开展阅读的活动……

二、管理网络

"悦读"是涉及学校长远发展的一件大事，此项工作开展得是否有效，将直接影响到全校师生的精神生活，从而影响学校校园文化的内涵发展。学校领导高度认识其重要性，全力支持书香校园建设工作，成立了以校长、书记为组长的书香校园建设领导小组，由一名教导主任具体负责，层层落实，形成管理网络。

三、具体措施

我们要通过多种渠道让读书、思考成为校园的一道风景。让孩子们在书的世界里，和教师们一同去阅读经典、阅读思想、阅读文化、阅读精神；通过阅读，让教师和学生与知识为友，与大师为友，与真理为友，填实自己比天空更广阔的心灵，享受阅读的乐趣。

（一）盘活图书装备，完善硬件设施

1. 加强校园文化建设

加强校园文化建设，让校园的每一个角落都成为书香校园的教育点。在楼道墙壁、教室墙壁、花坛中等地方，读书名言警句随处可见，还特别在大队部前面建立了诚信书吧，在教学楼和走廊拐角建立鸟巢书屋，学生可以随时翻阅书籍，静静阅读，也可以借阅回家，细细品读……每一个角落都润物细无声地发挥着警示、示范功能，在影响、约束、教育学生的同时，也潜移默化地营造着溢满书香的校园文化氛围。

2. 开设专门的图书室

学校设有专门的图书室，现有藏书3.6万册，人均藏书达到30.3本，藏书有古代的，也有现代的，有国内的，也有国外的优秀作品集，囊括文史、社会和自然科学等。学校图书馆、阅览室有专职老师和图书管理员负责，做到书橱专用，整洁卫生，图书摆放整齐美观，学生阅读方便。

3. 完善班级图书角的建设

我们要求各班发动学生把自己和家中收藏的书籍拿到学校，充实班级图书角，各班至少达到了一人一书。各班的图书角藏书可谓琳琅满目，涉猎广泛，有科普知识，有小说评书，有历史故事，有文学评论，有人物传记，有杂志，也有趣味幽默大全等。各班学生

自发成立了图书管理小组，负责图书的出借、登记、归还等服务工作。提倡班级与班级之间建立"好书交换站"，定期举行"好书换着看"活动。

（二）规定阅读时间，落实课程计划，确保读书实效

1. "诗风雅韵"

即诵读经典。每周一中午，利用午休时间开展诵读经典活动，或《小学生必背古诗80首》，或《三字经》，或《声律启蒙》等，师生共同徜徉在中华民族传统文化的长河中，感受着语言文字的魅力。

2. "书香伴我行"

即师生共读好书。每周二到每周四，向学生开放相关的读书阵地，如学校图书馆，如阅览室，如班级图书角，主要形式有集体阅读、阅读指导、阅读交流等。倡导学生在晨间相互自由地交流读书体会，畅谈读书感受。

3. "金阳光直播"

即推荐赏析美文。每周五，利用校园广播推荐赏析美文。学生可以诵读经典美文，还可谈读书心得、宣讲名人读书的故事，为学生创设宽松、愉悦的读书环境，让学生在潜移默化中受到熏陶。

4. 纳入课程计划和社团活动中

低年级由语文老师指导阅读，每周一节课，中高年级就在每个年级的社团活动中。中高年级都有一个与阅读相关的社团，社团老师有计划、有目的地进行课外阅读指导，带领学生潜心阅读经典美文，领略中外名著，吟咏古今诗文，在大量的阅读实践中培养学生良好的阅读习惯和兴趣。

（三）组织多彩的活动，校园点亮书香

活动能点燃兴趣的火花，学校应该成为学生的第一个舞台。我们用"活动激发兴趣"，给学生创造更多的表现机会。

1. "写读（观）后感"系列征文活动

我们提倡学生读名著、看名著、观名著，每学期都组织学生参加征文活动。

2. "古诗词美文诵读"比赛

为丰富校园文化生活，陶冶学生的情操，提高广大师生的综合素质，在全校范围内开展朗诵比赛，不仅有学生参加，而且老师们也可以积极参与，激发孩子们的比赛激情。

3. 优秀读书笔记评比

为了展示学生丰富的读书热情，激发学生更大的读书兴趣，巩固学生对阅读的爱好，各班在选拔师生读书笔记的基础上进行全校交流活动，极大地调动师生写读书笔记的积极性。

4. 召开年级读书主题班会

开展读书经验交流会、读书沙龙活动，交流读书心得体会，互相介绍读书经验。通过交流，广大师生既学到了读书的好方法，加深爱书、用书的思想认识，同时又可以促进同学间读书竞赛活动的自觉形成。年级组还举行读书漂流活动，同学之间形成好书先读为快的愉悦读书氛围，畅游书海，各班洋溢着浓浓的读书气氛。

5. "亲子共读"活动

让书香萦绕在亲情间。亲子阅读又称"亲子共读"，就是以书为媒，以阅读为细节，让孩子和家长共同分享多种形式的阅读过程。亲子共读在学生课外阅读当中起着重要作用。我校将在一年级学生的家庭中号召家长利用双休日与学生共读一本书、共写读后感的活动。通过共读，父母与孩子共同学习，一同成长；通过共读，为父母创造与孩子沟通的机会，分享读书的感动和乐趣；通过共读，还带给孩子欢喜、智慧、希望、勇气、热情和信心。

6. 评选读书之星

各班根据学校《课外阅读评价细则》的标准，每个月都对学生进行课外阅读评比，评选出"读书小能手""读书小明星""读书小达人"，同时，请这些获奖同学将自己的读书心得做成展牌，与其他同学共分享。

"悦读" 导播首位导航员：蔡艳校长　书名：《你很特别》

金阳光 "悦 读" 导播

"悦读" 导航员：蔡艳校长

书　名：你很特别
作　者：（美）陆可铎　著
　　　　马第尼斯　绘
出版社：中央广播电视大学出版社
出版时间：2010-5-1

微美克人的创造者木匠伊莱对胖哥说："你很特别，因为人就是很特别，不需要任何条件。"

在所有事情中，我们都要记住，我们每个小朋友都是"独特的个体"，不要给自己"贴标签"，也不要给别人"贴标签"。

到底是个怎么样的故事呢？希望同学们看看这本绘本，你一定会有更多的思考和收获。

"悦读"导航员：吕伟芬老师

书名：《青铜葵花》

作者：曹文轩

出版社：凤凰出版传媒集团

江苏少年儿童出版社

出版时间：2005 年 4 月

老师们，同学们，大家好！今天我为大家介绍的这本书叫《青铜葵花》，它曾获得第十届全国精神文明建设"五个一工程"奖、江苏精品图书奖、首届中国出版政府奖等诸多殊荣。

这是一个乡村男孩与一个城市女孩的故事，男孩叫青铜，女孩叫葵花。第一次读到《青铜葵花》的时候，觉得它的文字纯净得像一滴露珠，晶莹而剔透。然而就在这种晶莹中又分明折射出一种凄凄的忧伤。那种于纯美之中透出的痛苦紧紧抓住我们的心，而那份于痛苦中流露的美则显得更加深厚。读着这样的文字，不知不觉中便恍然走进了青铜葵花的世界。

城市女孩葵花跟随爸爸来到了一个叫大麦地的村庄生活，孤单寂寞的她认识了一个同样沉默寡言而且不会说话的乡村男孩青铜。爸爸的意外死亡使葵花成了一个无依无靠的孤儿，贫穷但善良的青铜家认领了她，葵花和青铜成了兄妹相称的朋友。在粗茶淡饭的生活中，一家人为了抚养葵花费尽了心思，而青铜更是在沉默中无微不至地呵护着葵花：为了葵花上学，青铜放弃了自己的上学梦想；为了让葵花照一张相，青铜在寒冷的冬天把自己脚上的芦花鞋卖了；为了葵花晚上写作业时不去别人家"借灯光"，青铜捉来萤火虫做了十盏南瓜花灯；为了葵花报幕时的美丽，心灵手巧的青铜做了一串闪亮的冰项链；为了让葵花看马戏时有个好位置，青铜一声不响地顶着葵花站了一个晚上……

不仅是青铜，葵花也为这个家、为青铜付出了许多许多：学校组织的拍照活动她没参加，那是为了给自己贫困的家庭省钱；每天放学和哥哥一起去采芦苇，为的是能多编些芦花鞋去卖；自己一个人偷偷地跑到江南捡银杏、考试故意考差，是为了赚钱、省钱给奶奶看病；用各种办法教她的哑巴哥哥写字，则是为了让哥哥在别人面前自信起来、抬起头来……在充满了天灾人祸的岁月里，青铜一家齐心协力，艰难、困苦而又快乐地生活着。

葵花12岁那年，命运将她召回了原先居住的城市，这已是无法改变的事实了。然而，在葵花走后的那一天，青铜望着那片它和葵花第一次，也是最后一次遇见的河流，用生平最大的力气，从心底高声喊出了一个名字——"葵—花—!!"这强而有力的喊声震撼了每一个读者的灵魂。

青铜和葵花，他们真是一对很好的兄妹。哥哥、妹妹乖巧懂事，是他们用爱的网编织了一个又一个感人的故事。青铜和葵花那种质朴的美，体现在他们的善良上和纯真的心灵上。其实，只要拥有了爱心，就算日子过得再苦再累，心里也是充实的、幸福的。

《青铜葵花》中的人物鲜活，叙事流畅，文字纯美，字里行间充盈着感人肺腑、震撼人心的人间真情。很多内容让我为之感动，你听这一段："那时，葵花还在梦中。爸爸知道，当她醒来看不到他时，她一定会害怕，一定会哭泣。但，爸爸又舍不得将她从睡梦中叫醒。爸爸会用因劳动而变得粗糙的手，轻轻抚摸着她细嫩而温暖的面颊，然后叹息一声，拿着工具，轻轻将门关上，在朦胧的曙色中，一边在心里惦着女儿，一边与很多人一起，走向工地。晚上收工，常常已是月光洒满芦荡时。"你看，葵花的爸爸对她爱得那样深沉。此外，青铜一家收留了葵花，渴望上学的青铜把上学的机会让给了葵花，也都是因为爱。

这本书不光把爱表现得细致深刻，还描写了许许多多的苦难。种种苦难让我们明白了：在生活中苦难和痛苦是无法避免的，但当发生苦难时，要用一种乐观的心态去对待，正如作者曹文轩说的那样：

"每一个时代的人，都有每一个时代的人的痛苦，痛苦绝不是今天的少年才有的。少年时，就有一种对痛苦的风度，长大才可能是一个强者。"

《青铜葵花》这本书表现了孩子、朋友之间的友谊，家人之间的亲情和人与人之间的爱，还反映了乡村孩子童年的苦难生活，字里行间无不充盈着感人肺腑、震撼人心的人间真情，这种真情无不湿润着每一位读者的眼睛、震撼着每一位读者的心灵。

同学们，赶快来读读《青铜葵花》这本书吧，它一定会让你受益匪浅！

"悦读"导航员：魏海宁老师

书名："沈石溪动物系列小说"

同学们，你们一定都很喜欢动物吧。儿童的心灵上没有尘埃，与纯朴的动物特别容易灵犀相通。你们和小动物在一起时，是不是感觉不孤单不寂寞，还能体验到一种幸福和快乐？今天我要向大家推荐的书就是沈石溪的动物系列小说。这一系列的小说通过对动物社会的描写，揭示了动物之间情感纠葛的内心世界，使读者不仅了解了动物的生活习性，还可以从中引发联想，体会其中的内涵，引起人们深沉的思索：动物世界尚且如此，我们作为万物之灵的人类又该如何呢？

听听这一系列的小说题目，就能激起你的阅读兴趣。《狼王梦》

讲述荒原群狼，雪山金雕。母狼为了将自己的后代培育成狼王，宁愿牺牲自己，与金雕同归于尽。《鸟奴》是动物学家历险故事系列之一，描写一对鹩哥为了躲避毒蛇侵袭，给天敌雕做奴隶，在屈辱中求生的故事。还有《当保姆的蟒蛇》《再被狐狸骗一次》《野猪囚犯》等，真是精彩纷呈。我们六（五）班的同学在三四年级时就开始阅读这一系列的小说，今天就让他们说说自己阅读的感受。

正如作者沈石溪所说："随着时代的变迁，文化会盛衰，礼仪会更替，道德会修正，社会文明也会不断更新，但生命中残酷的竞争、顽强的生存和追求辉煌的精神内核是永远不会改变的。"因此，动物小说更有理由赢得读者，也更有理由追求不朽。

"悦读"导播稿

江科大附小六（5）班　胡世妍

在沈石溪的笔下，一只只动物是多么的栩栩如生呀！有聪明机灵的野猪、有凶残好斗的狗熊……其中，我最喜欢的还是情怀高尚的战象嘎羧，它可是《最后一头战象》中的主角。听，文中的描写多么令人动容：

这时，嘎羧踩着哗哗流淌的江水，走到那块龟形礁石旁，鼻子在被太阳晒成铁锈色的粗糙礁石上亲了又亲，许久，才昂起头来，向着天边那轮火红的朝阳，欧——欧——发出震耳欲聋的吼叫。它突然间像变成了另外一头象，身体像吹了气似的膨胀起来，四条象腿的皮肤紧绷绷地发亮，一双象眼炯炯有神，吼声激越悲壮，惊得江里的鱼儿"扑啦啦"跳出水面。

我想，此时此刻，它一定又看到了二十六年前惊天地泣鬼神的一幕：威武雄壮的战象驮着抗日健儿，冒着枪林弹雨，排山倒海般地冲向侵略者；日寇鬼哭狼嚎，丢盔弃甲；英勇的战象和抗日将士也纷纷中弹跌倒在江里……

我对嘎羧肃然起敬，它虽然只是一头战象，被人类称为兽类，却具有很多称之为人的人所没有的高尚情怀。在它行将辞世的时候，它忘不了这片它曾经洒过热血的土地，特意跑到这儿来缅怀往事，凭吊战场。

嘎羧真是一只充满灵性的英勇战象！

"悦读"导播稿

江科大附小六（5）班　施文俊

我为大家推荐一本沈石溪老师的书，我很喜欢而且十分精彩，书名为《雪国狼王》。该书讲述了一只充满了传奇色彩的狼王——巴尔托的故事。巴尔托是野狼与家犬的后代，在狼群的血腥角斗中获胜，并登上了狼王的宝座。一次巧合，让它意外归顺了人类，它凭借卓越的智慧与勇气，成了一只出类拔萃的雪橇犬。既然巴尔托都能凭借自己的毅力做了狼王，并成为一名优秀的雪橇犬，我们也可以把它当作榜样，用它的精神品质来完成自己的梦想。还有一点就是这本书中还有几只狼，让我印象深刻。如有先王气质的暴风雪、聪明过群的尤肯……该书许多动物所表现出来的忠贞与勇敢，也令我们人类汗颜和自愧不如。要知道，动物是我们人类的朋友，爱护它，保护它，是我们共同的责任。

《雪国狼王》是一本看了就不想收起的书。

"悦读"导播稿

江科大附小六（5）班　黎佩瑶

我最爱的一本书名叫《导盲犬迪克》，十分感人。

书中的迪克是一只十分丑陋的猎狗，后被主人赶出家门，被迫流浪。直到遇到和自己同病相怜的盲人阿炯。从此，迪克每天都像是阿炯的眼睛，帮他带路。有时，路上遇到恶狗，迪克会奋不顾身地护着主人，对于阿炯来说，迪克是他唯一的朋友。

在穿越雪山时，阿炯觉得冷了，迪克很惭愧无法将自己身上的那层狗皮剥下给主人披上；阿炯饿了时，迪克很内疚无法去弄两只刚出

炉的奶油面包给主人吃。在主人饥饿难忍时，迪克去觅食，不管多困难，都要让主人吃饱。在林中遇到野兽时，迪克不到命归西天，绝不低头认输。看到这些，我不禁感叹了，拥有这样一只狗是多么幸福的事情啊！

来到昆明，为了谋生，阿炳在街头卖艺，迪克总是守在一边。让我最有感触的是，有一次，阿炳在桥下生病了，迪克为了让阿炳去医院看病，为了钱，甘愿被当成拳击陪练，不管多痛，它都忍着，因为它知道生病的痛苦。一拳拳击在肉体上，更多的是击在心里，但它仍念念不忘小主人，若不是有人制止，迪克怕是早死在乱拳中了。多么好的一只狗啊，保护主人已成为它一生的使命。而他们仿佛心有灵犀，总能想到对方心里。

我也多么希望拥有这样的一只狗啊，通人性，是我们的朋友，也是我们的守护者。

"悦读"导航员：石苏黔老师

书名：尼尔斯骑鹅旅行记
作者：（瑞典）塞尔玛·拉格洛夫
出版社：山东教育出版社
出版时间：2007 年 1 月
今天担任"悦读"领航员是：石苏黔老师及六（4）班部分同学，让我们一起来听听她们给我们带来的书目内容吧！

诺贝尔文学奖是世界文坛上最有影响力、最有说服力的大奖，由瑞典女作家拉格洛夫所写的《尼尔斯骑鹅旅行记》是目前为止唯一一部荣获诺贝尔文学奖的儿童小说。这本书怎么会有这么大的魅力呢？

导读中是这样写的：这是唯一一部荣获诺贝尔文学奖的儿童小说，也是瑞典女作家拉格洛夫最有名的作品，更是一部著名的集文艺性、知识性、科学性于一体的教育性优秀儿童文学作品。作为一部畅销百年的鸿篇巨制，本书将北欧美丽的自然风光与人物心灵的陶冶巧妙地熔于一炉，成了童话史上一部难以逾越的罕世经典，是对孩子有深远意义的一本书。

看来，这本书真是太棒了！快打开书，和尼尔斯一起骑上白鹅，翱翔在蓝天白云之间，经历这段奇妙的空中旅行吧！

先来认识小主人公，他叫尼尔斯，书中是这样描绘的：从前有一位十四岁的小男孩，名叫尼尔斯，瘦高个儿，鼻子两边有不少雀斑，长着一头淡黄色的头发。他不爱读书学习，特别顽皮和粗野。在学校里经常受到老师的责备，父母为他操碎了心。

尼尔斯的家在瑞典南部的小村庄里，他们是穷苦的佃农人家，但尼尔斯的父母却十分善良、勤劳。他们家养了三头奶牛、几只鹅和几只鸡，尼尔斯经常捉弄这些牲口，拔它们身上的毛，揪它们的尾巴，家禽们一见他就躲开。

这样一个调皮的、爱欺负小动物的小男孩，怎么会变得那么小，并骑在鹅的身上旅行呢？到《尼尔斯骑鹅旅行记》这本书中寻找答案吧！想象一下，尼尔斯变小了，那些曾经受他欺负的小动物，会有什么样的反应呢？

"哞、哞、哞"那头名叫五月玫瑰的奶牛吼叫道："真好极了，世界上还有公道！"

"你过来，我让你尝尝挨木头鞋揍的滋味，你在去年夏天老是这么打我来着。"那头名叫小星星的奶牛也怒吼道。

"你过来，你把马蜂放进过我的耳朵里，现在要你得到报应。"名叫金百合花的奶牛狠狠地咆哮着。

这下，尼尔斯可尝到了平日欺负动物的苦果了！可是你知道吗？随着既惊险又有趣的旅行进程，动物们对尼尔斯的态度发生了极大的变化。当狐狸让大雁们交出尼尔斯时，领头雁阿卡说："你休想！我们中的每一个，都愿意为他献出生命！"当领头雁阿卡看到被捉走的尼尔斯回来时，她激动地从山丘上跑下来，拥抱着他摇晃，并用嘴巴抚摸他。曾经调皮捣蛋的尼尔斯怎么会变成一个勇敢、乐于助人、让动物喜欢的好孩子的呢？他经历了什么？

他帮助大雁逃脱狐狸的魔爪，狐狸就近咬住一只大雁的翅膀，扭头就跑。恰巧被醒来的尼尔斯发现了，他赶紧追了过去。在一片森林里，他追上了狐狸，他一把抓住了狐狸尾巴，怎么也不肯松手。

在猎人的诡计下，他救出了绿头鸭，绿头鸭雅洛惊讶地看到，在湖中远远地有一个鸟窝慢慢向他漂来。当鸟窝接近后，鸟窝中竟然跳出一个只有拇指大小的小人儿，对他喊道："你赶紧走到接近水面的地方，并且做好起飞的准备，你一定可以获得自由。"

他从人类的手中救走了狗熊，突然，几个猎人出现了，他们对着熊爸爸举起了猎枪。尼尔斯看到了，他大声地提醒熊爸爸，完全忘记了自己的生命也在熊爸爸的威胁之下。他喊道："熊爸爸，你快跑，有猎人！"这样精彩的故事还有很多很多，读读书的目录，你就会发现。

尼尔斯骑着大白鹅从南方一直到最北方的拉普兰省，他在鹅背上看到了瑞典的奇山秀峰。读《尼尔斯骑鹅旅行记》这本书，你还能随着尼尔斯欣赏到北欧的绮丽风光，风光旖旎的罗那比河，村庄、湖水、教堂、花园，相映成趣，书中像这样优美的风景还有很多处，你可以读一读，划一划！读一读这本书吧，你可以懂得真诚、友爱、勇敢，并获得丰富的地理和历史知识。

一次次惊心动魄的历险，一个个温馨美丽的传说，一片片美丽迷人的风光，它使少年儿童的心灵变得更纯洁更善良，更富有同情和怜悯。

快点走进《尼尔斯骑鹅旅行记》这本书，精彩的内容等着你阅读。

同学们，听了对这本书的介绍，我们还要带大家认识一位因童话而获得诺贝尔文学奖的作者，她就是塞尔玛·拉格洛夫（1858—1940），瑞典 19世纪末新浪漫主义文学的代表，她不仅是第一位荣获诺贝尔文学奖的女作家，还是唯一一位凭借一部长篇童话就获得诺贝尔文学奖的作家。

◇ 第四节　阳光合育创意联盟

创客课程是无边界的课程，是正式教育与非正式教育的无界限联结，以自由参与、乐享共生为特征的创客精神更多地发生在非正式教育的场域中。特色课程中发挥重要功能的除了学校，还有家庭和社区。家校合育是助力课程文化生长的重要因素。

学校建立了一个颇"牛"的组织："阳光合育创意联盟"，这是学校多年来进行家校合育实践研究的智慧结晶。阳光合育创意联盟运行了近三年，是江科大附小家校合育的真实写照，是大家智慧的结晶，也是家校合育落地实施的校方探索，更是新时期对家校合育的自我迭代（图 1）。

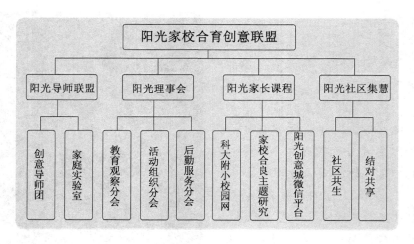

图 1　阳光家校合育创意联盟结构图

一、博士占比近 30% 的阳光创意导师团

"天地之大，教室太小，课堂除了教室还有其他模样，陪伴孩子走出去，领略世事万物，处处皆课堂，万物即为师。"江苏科技大学附属小学创意联盟的导师们进课堂首次辅导后发出这样的感慨。

充分发挥附属小学的高校专家资源，引导热心教育的家长结合他们的工作进行课程分享。每年学校发放创意课程授课意愿表，双向需求选择课程，聘任来授课的家长为"阳光创意导师"，不但在自己班级上课，还在其他年级其他班级分享课程。经过一年的实践，阳光创意导师团队越来越专业，越来越常态。他们来自各行各业，走上三尺讲台，给孩子们送上一堂堂精彩的课程：弘扬中华文化，传承非遗精髓的泥叫叫、皮影戏动手实践课；感受生命珍贵，学会健康生活的蚕宝宝、急救方法的体验课；接触前沿科技，体悟生活美好的 3D 打印、航船制造、游戏魔术课……在这些导师的引领下，孩子们了解了很多课本上没有的知识，让课堂成为无边界的教学空间。

课程结束后，很多导师都表示愿意再来，愿意发动更多的社会力量参与进行，"我们都是教育者。好的教育一定是由社会中的每一个成员共同来创造的！面对儿童，愿我们每个人都点燃心中的热情，愿我们每个人都敞开友善的胸怀，愿我们每个人都承担起教育的责任，携手并进，共育英才。"

二、从阳光家委会到阳光理事会

在江苏科技大学附属小学，家长委员会有另一个名称——阳光理事会，它成了家校合育双向并进的载体。校级、年级、班级层层设立。家长委员会设会长、副会长，有教育观察分会、活动组织分会、后勤服务分会。家委会参与学校管理，反馈家长心声，挖掘家长资源，走进学生课堂。在家长委员会的参与下，综合实践活动课程的实施得以彻底解决。每个学期，以年级为单位组织研究性学习活动；每个月，以班级为单位开展一次实践活动，这些都是年级和班级家委会参与策划并组织实施的。每个学期两次活动，涉及社会考察、社区服务、社会实践、研究性学习四个领域，新家长课程之一的"主题教育课程"，也主要由家长担当授课教师。每学期一次面向阳光理事会的调研，"对学校工作感到满意的""希望学校不断改进的""家校合育"都被排在前三位。家长的期许成为促使学校找到更多资源的力量源泉。

从"家委会"到"理事会"，表面上只有几个字的改变，其实作用完全不同。家长们由原来的"传话筒"的单线工作转变为主动参与监督、科学观测，共同谋求发展的合作共进，由被动到主动、由传达到设计、由发现问题到解决问题。理事会真正发挥了家庭与学校共同管理的作用。

"阳光理事会"催生家校合育释放出了更大的力量。"俯下身子倾听，得到的是真实的声音。每个孩子都是家庭中的百分百，家长的意愿应该成为我们改进工作的重要理由。"江科大附小副校长倪蔚丹说。

三、阳光社区集慧，共生共享

"八少年雷锋班"是江苏科技大学附属小学的社区服务品牌活动。从 1993 年开始成立，这面学雷锋的旗帜已飘扬了近 30 年，成为古城镇江一道亮丽的风景线。近年来，学校在此基础上进一步将这一德育品牌与"小橘灯社会公益活动"相结合，设立具有校本特色的"新公益课程"，请家长志愿者参与。每年春风拂面的三月，学校都会开展社区服务性的公益活动，为甘肃天水瓦寨小学每班建立了班级图书角，和结对单位一起进行世界知识产权日知识产权推广活动。"带着我们的爱去远方"学雷锋献爱心义卖活动……每年的"春风行动"更像是社区公益课程的交流展示，学校依托阳光创意联盟，把公益的美德、劳动的习惯、探究的精神从学校以课程的形式延伸到家庭，每一个家庭都在"爱"中成长着、收获着。

社区共生，结对共享，江苏科技大学附属小学的家校合育向着社区、社会延展。在开放的社会化教学中，学生能参与更大范围的学习创新活动，把从社会实践、社会调查中发现的社会热点、疑点等现实问题带回到课堂上，为课堂教学注入新的活力，学生就能逐步形成明确的价值观念、人生态度和创新精神。

参考文献

［1］ Margaret Honey, David E. Kanter. 设计·制作·游戏：培养下一代 STEM 创新者［M］. 赵中建，张悦颖主译. 上海：上海科技教育出版社，2015.

［2］ 赵中建. 美国中小学 STEM 教育研究［M］. 上海：上海科技教育出版社，2017.

［3］ 赵中建. 美国中小学 STEM 教育政策进展［M］. 上海：上海科技教育出版社，2015.

［4］ Doug Johnson. 从课堂开始的创客教育［M］. 北京：中国青年出版社，2016.

［5］ 肖萍. 创新教育大突围［M］. 长春：东北师范大学出版社，2016.

［6］ 陈如平，李佩宁. 美国 STEM 课例设计［M］. 北京：教育科学出版社，2018.

［7］ 玛丽·凯·里琪. 可见的学习与思维教学［M］. 北京：中国青年出版社，2017.

［8］ 埃里克·布伦塞尔. 在课堂中整合工程与科学［M］. 上海：上海科技教育出版社，2015.

［9］ 万伟. 课程的力量［M］. 上海：华东师范大学出版社，2017.

［10］ 上海市教育委员会教学研究室. 基于问题的解决：提升课程领导力的行动［M］. 上海：华东师范大学出版社，2014.

［11］ 蔡艳主编. 小创客探秘蚕宝宝［M］. 镇江：江苏大学出版社，2019.

［12］ 蔡艳. 银杏书院——书院里的阳光创客教师［M］. 南京：河海大学出版社，2019.

后 记

　　阳光创客特色课程的建构和实践过程是艰辛的，但是在这个过程中，学校的内涵发展及师生的共同成长又是令人欣慰的。

　　首先，学校形成了新型文化态势。通过特色课程的建设，学校内涵不断提升，立德树人、核心素养的发展，围绕三年发展规划的总目标，学校围绕立德树人的教育宗旨建设项目，始终把儿童的核心素养发展放在首位，探索适合的教育。三年的建设过程，学校内涵不断提升，新型文化态势初见雏形。2017—2018 年，学校荣获国家级荣誉 5 项、省级荣誉 24 项、市级荣誉 24 项、区级 19 项，荣获全国创新大赛团体一等奖、江苏省"十三五"科技教育先进学校、江苏省 STEM 优秀实验学校等荣誉，均为镇江大市唯一。2017 年，学校获得京口区年度综合考核一等奖的第一名。

　　其次，特色课程体系建设目标初步达成。注重科研引领，结合实践路径创新，课程体系建构和课程资源的开发成果显著。在三年规划的发展过程中，课程体系面向全体，具有均衡性，又注重选择与拓展，满足了学生个性化发展的需求。课程资源开发项目化、儿童化、本土化，成果显著。三本校本教材、一本学校论文集正式出版，教材关注了儿童爱玩的天性，深度融合各项知识，引导儿童发现探究，注重发展科学思维。由中国农科院蚕业研究所专家指导编写的《小创客探秘蚕宝宝》，是首部以探索蚕生命科学为内容的小学综合实践教材，有一定的独创性。

　　再次，特色课程化促进了师生成长。阳光创客文化更新了课堂，发展了教师。两年间，高层次拔尖人才率不断提升，研究生率达5.5%。教师在区级以上各类教学竞赛中 77 人次获奖，其中，省级以上获奖 19 人次。教师各类发表获奖论文达 234 篇，其中省级以上 129 篇。由河海大学出版社正式出版学校教师专业论文集《银杏书院里的阳光创客教师》。阳光特色文化更造就了无数"阳光小创客",国家教育部、江苏省教育厅、江苏省科学技术学会,学校团体获得全国一等奖1次,省级特等奖3次,省级一等奖4次,学生400余人次获得市级以上奖项。

最后,特色课程的成果发挥优势辐射。学校的阳光创客课程、创客学习的方式、优质丰富的课程资源在区域范围内起到了示范引领作用。学校阳光创客文化的建设为不同潜质、不同水平的学生发展提供了个性化、有选择的课程支持,促进学生全面而有个性的发展。课程的建设得到领导和专家的指导,我在省教育厅组织的4次课程答辩、中期汇报检查中均名列前茅。2017—2018年,3次代表镇江地区在省教育厅主办的课程推进活动中介绍经验,承办省级以上各类活动4次,区级以上19次。2018年,《中国教师报》专版4000余字选登我撰写的文章《共建一门创客课程》。同年,在江苏省STEM教育大会上,时任江苏教育厅副厅长朱卫国的报告中特别引用了阳光创客课程案例。江苏教育电视台、镇江电视台、《京江晚报》5次以专版报道学校经验。与台湾开展了两岸科技文化交流,与贺家弄幼儿园进行了幼小衔接。承担了国培项目新疆克州的支教,接待来自甘肃、苏州、北京、扬州、芜湖、盐城、上海等同仁近400人次。

课程的实践只是前行到了一个阶段,我们进行反思和总结后,还将继续深入实施,有以下几点需要注意:

第一,创客文化建设的理论与实践有待进一步完善与深化。

创客学习的模式是来源于国外的"舶来品",需要与中国文化结合,进行本土化。创客学习研究多在于成年人,儿童学习方式成果几乎没有,都需要基于实践经验不断总结与逐步生成。在研究项目建设的近3年的时间里,课题的概念、要素与建设路径、评价标准已经"初具轮廓",但是实践的时间不够长,实践的深度不够,发现的问题尚未及时聚焦,需要进行进一步的完善与深化。

第二,创客文化的建设从体系构建转入基于问题的专题式研究。

创客学习的文化体系、课程框架、课堂学习方式、评价体系的建构已经初步形成,但是有效性如何,彼此的关联度、融合性如何,小学创客学习对儿童哪些关键能力起到作用、起到哪些作用,如何提升效能，还缺少基于问题的专题式研究，对典型案例缺乏科学分析，缺乏对实验成果的科学测量。未来，将加强基于问题的专题式研究。

第三，教师团队、研究团队的专业化发展还需进一步加强。

创客教育基于课程的整合、创客学习方式的变更、创客乐享交往空间的延展，与我们以往的常态教学都有很大的差别，对教师团队及研究团队的专业性都提出了巨大挑战。师生教学方式的变革是一个复杂而又艰难的过程，在短暂的课题建设过程中，参与研究的还只是部分学科、部分老师，如何整体转变学校的教育发展模式，使课题的研究真正与学校、学生、教师的日常教学生活建立实质性的联系还需要一个很长的发展过程。加大对教师观念、专业发展等各方面的培养，使之能够落实规划成果，深化研究，此方面还需很大的努力。

创客特色课程建设距形成新的文化生态的建设目标还很遥远，我将继续和我的团队踏实地行动、深入地研究，与孩子们一起眺望未来，共同迭代，共同成长。